에녹과 엘리야 중심으로

승천의 의미와 전승에 대한 연구

(서사라 목사 천상에서의 깨달음, 비교연구)

|지은이 **김 성 규**
|감 수 **박 요 한**
|펴낸이 **최 성 열**

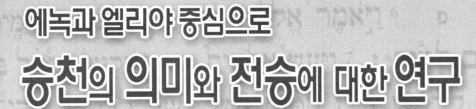

하늘빛출판사

지 은 이
김 성 규

- 연세대학교 신학대학원학사 B. A.
- 총신대학교신대원 목회신학석사 M. Div.
- 프랑스 파리신학대학신학석사 Th. M.
- 프랑스 브뤼셀개신교신학대학 신학박사 Th.D.
- 웨스트민스터대학원대학교 신약학 교수·기획처장
- 한국신약학회 및 복음주의 신약학회 정회원
- 프랑스 성경번역위원회위원

감 수
박 요 한

- 미주 총신대학교신대원 EQ과정과 백석대학교 신대원 M.Div. 및 미국 Carolina University 신학석사 Th. M과 신학박사 Th. D 과정을 수료했다.
- 크리스챤연합신문을 설립하여 대표사장, 대기자로 활동했으며, 기독교한국신문 논설위원으로, 소나무마을 출판사를 운영하며 다양한 기독논단을 발표하고 있다.
- 사단법인 한국교회연합 이단대책 전문연구원으로 동단체 명예회장과 법인이사, 상임회장, 공동회장으로 섬겼으며, 사단법인 한기총 및 한국장로교 총연합회 공동회장으로 활동한 바 있다.
- 캄보디아 프놈스록크리스챤대학교 총장으로 섬기고 있으며, 아세아연합신학대학교 목회연구원 운영실장 교수로, 한영신학대학교 목회대학원 교수부장, 원장으로, 예장합동 99회 총회인준 미국 버지니아크리스챤대학교 실천신학(설교학) 교수로 제직한바 있다.
- 대표적인 공동 저서로 이단·사이비예방백서 외 44권 단행본과 논문을 발표했다.

천상에서 깨달음 저자

서 사 라 목사

■ 약 력

- 미국 LA 남가주한인여성목사회 이사장
- 사) 한국교회연합 공동회장
- 미국LA 주님의사랑세계선교센터 대표
- 예장대신총회 동서울노회 부노회장
- 미국브라운대학교의과대학 생물학박사
- 서울대학교의과대학 생물학석사
- 이화여자대학교의과대학 학사 의사면허취득
- 미국탈봇신학대학교 목회신학석사 M.Div
- 미국 LA 새사람영성훈련원장
- 미 국 LA 주 님 의 사 랑 교 회

- 초판인쇄 | 2023년 10월 10일

- 지 은 이 | 김성규
- 감   수 | 박요한
- 펴 낸 이 | 최성열
- 펴 낸 곳 | 하늘빛 출판사
- 편   집 | 서울복음칼라
- 출판등록 | 제251-2011-38호
- 연 락 처 | 충북 진천군 진천읍 중앙동로 16
- 전   화 | Cell Phone 010_2284_3007
- 직   통 | Tel 043_537_0307
- e – mail | kokoko1173@naver.com

*값 8,000원

서 문

현대 문명의 시작을 드리우는 신곡의 저자 단테는 서문을 이렇게 시작하고 있다. 어두운 숲에서 단테는 길을 헤메고 있다. 어두운 골짜기에서 위를 바라보니 언덕 위에 햇빛이 나고 있었다. 잠시 숨을 돌린 후에 그 빛이 있는 쪽으로 올라가니 갑자기 표범(욕정)을 만나 길을 가로 막아서 돌아서 피해갔다. 다음에는 굶주린 사자(교만)를 만났는데 표범보다 더 사나워보였다. 그런데 암컷의 늑대(탐욕)가 나타나 다가와서 단테를 다시 어두운 골짜기로 돌아가게 했다. 단테의 묘사처럼 우리 모두는 어두운 숲속을 걷고 있는 듯 보인다. 오늘날 시대는 하루가 다르게 삭막해지고 있다. 모든 게 불확실하고 흔들리고 붕괴되는 불안의 시대다. 예수님이 살던 시대와 별반 다르지 않다. 로마의 식민 통치를 받으며, 계시가 사라지고 모든 영적, 종교적 체계가 무너지는 현실 속에서 실날같은 희망조차 보이지 않았다. 이스라엘의 반응은 한 마디로 도피였다. 현실도피를 조장하는 수많은 묵시록에 의존하여 헤아릴 수 없는 문학적 상상력이 동원되었다. 광야로 우후죽순 결집하여 기존의 질서를 무력화시키는 메시야 사상에 몰입되어 지상의 삶을 포기하였다. 예수가 등장하였다. 그가 외친 첫 마디는 "하나님의 나라가 가까웠다. 회개하고 복음을 믿으라"였다. 세상이 타락한 것이 아니라 하나님의 백성이 문제였다. 예수가 광야를 떠나 세상으로 온 곳은 현대인들에게 많은 것을 시사한다. 예수는 자신의 백성들에게 하나님의 뜻이 땅에서도 이루어지기를 기도하라고 가르쳤다. 그러나 인간들은 땅의 뜻이 하늘에서도 이루어지기를 바라며 하나님의 계시에 역행하고 있다.

본서는 이 같은 취지에서 소책자로 무엇인가 말하기 위하여 집필되었다. 혹여 소크라테스와 같은 운명에 처할까 염려가 되기도 한다. 그는 인간의 무지의 폭력으로 처단되었다. 살짝 역사적 현장을 살펴보면, "돌이켜보건대 나의 죄목은 무엇이었던가? 불경죄, 아테네 신을 숭배하지 않고 젊은이들을 신에게서 등돌리게 함으로써 타락시켰다는 건데, 진짜 문제는 내가 시끄럽고 허름한 구두장이 공방에서 관습을 벗어난 새로운 생각의 씨앗을 틔웠다는 거였지." 무지를 소각하려는 소크라테스는 무지의 권력에 의하며 오히려 희생되었다. 프랑스 철학자 르네데카르트는 "나는 생각한다. 그러므로 존재한다"는 철학의 근본 모티브를 주창하였다. 종교의 권위와 권력이 사람들의 사상을 지배하던 시기에 데카르트는 종교의 본질이 어디에 있는지를 고민하며 던진 말이다. 모름지기 배움 혹은 지식이라는 것은 무지를 깨우치는 것이 아니라 앎을 의심하는 것이다. 그리스도를 따르는 자들에게는 예수의 정확한 가르침이 나의 부정확한 이해와 그릇된 믿음을 조작하는 기능을 하는지 숙고해야 한다. 무지보다 더 무서운 신앙의 독소는 잘못 알고 있는 것이다. 우리의 삶 가운데 시급한 것은 세상의 타락이 아니라 하나님의 말씀의 회복이다. 성경의 말씀 즉 성경 신학이 우리의 삶을 지배하는 것이 바로 하나님의 나라다. 본서가 이에 조그만 보탬이 될 수 있기를 간절히 바란다.

본서를 위하여 도움을 주신 분들에게 특별히 감사한다. 박요한 총장님은 본서를 기획하고 편집을 하는 일에 귀한 조언을 아끼지 않았다. 서사라 목사님께서도 아울러 깊은 감사의 말씀을 드린다. 에녹과 엘리야의 승천과 천상의 경험을 학문적으로 규명하는데 큰 도움이 되었다. 끝으로 하나님의 사랑과 은혜가 자녀들에게 풍성하시기를 기도드린다. 누구나가 좋은 말을 하는 것이 쉽지만 정확한 말을 하는 것은 어렵다. 하나님의 말씀에 정확하게 다가서기 위해서는 많은 해석적 시행착오가 있겠지만 모든 것이 합력하여 선을 이룰 것을 믿는다.

Contents

에녹과 엘리야를 중심으로 승천의 의미와 전승에 대한 연구
(서사라 목사 천상에서의 깨달음, 비교연구)

김 성 규

들어가는 말

1. 승천과 초대교회

그리스도교 전통에 있어 승천의 주제는 다루기에 가장 난해하고도 어렵다. 그럼에도 불구하고 승천의 주제는 역사적 사실을 배경으로 하고 있으며 그리스도 전통에서 부인할 수 없는 확고한 자리를 점유하고 있다. 특히 예수의 삶을 자세히 들여다보면 매우 인상적인 사건들이 나타나는데, 그중에서 부활과 승천은 가장 중심에 있다. 예수의 생애를 기록하고 있는 주요 기록 재료들은 복음서들이다. 그러나 복음서들을 세심하게 관찰하면, 예수의 탄생과 그의 죽음에 대하여는 상당량의 기록들을 남기고 있지만 그의 부활과 승천은 상대적으로 적은 부분을 할애하여 보고하고 있다. 즉 나사렛 예수에 대한 신앙은 지상 생애는 물론이고 부활과 승천을 포함한다는 확고한 사실에 기반한다. 그러므로 그리스도교에서 신앙고백은 지상에 오신 그리스도와 천상에서 현존하시는 그리스도를 신앙의 대상으로 한다. 특히 예수의 부활과 승천은 그리스도교 신앙의 결정체로서 그리스도인으로서 정체성을 인지하는 가장 확고한 위치에 있다. 이는 바울이 이미 자신의 고린도 서신에서 천명한 바 있다. "그리스도께서 만일 다시 살지 못하셨으면 우리의 전파하는 것도 헛것이요 또 너희 믿음도 헛것이며"(고전 15:14). 여기서 그리스도를 경험하는 두 가지 가능성이 제기된다. 첫째는 지상에 성육신하신 그리스도로서 그분의 가르침과 삶을 기억하며 지금 재생하는 것이다. 둘째는 천상에서 지상 사역을 계속하시는 그리스도를 경험하는 것이다. 신약성경은 그리스도께서 부활하셔서 더는 세상에 없는 것으로 생각되지만 역으로 그의 부활과 승천은 사역의 계속을 분명하게 선포하는 것이다. 이는 오늘날도 신자들이 그리스도를 만날 수 있는 이유가 된다. 다만 지상에 성육신하신 그리스도는 육을 가졌으나 승천하신 그리스도는 영의 몸으로 돌아가신 관계로 영적인 체험이 필요하다. 그러나 이들 두 요소는 서로가 잘 보완되어 신앙에 균형추를 잘 잡아야 한다. 그리스도가 승천하신 의미는 여러 가지 면에서 숙고할 가치가 있지만 가장 먼저 고려해야 할 사항은 하나님의 본래 모습을 회복하였다는 점이다.[1] 그리스도의 승천이 자칫 개인적이며 주관적인 체험으로 치우쳐 과도한 이성주의나 신비주의에 희생이 되어서는 안된다.

부활과 승천에 대한 역사적 증거는 아주 짧고 간략할 뿐만 아니라, 그 기술 내용도 양적인면에서 아주 소량이다. 마태, 마가 그리고 요한은 예수의 부활과 승천을 다루고 있지만 예수가 40일간 지상에 머무는 사건에 대하여 침묵하고 있다. 다만 누가 - 행전은 예수의 승천 사건을 아주 간략하게 기술하고 있다. "예수께서 그들에게 축복하시면서, 그들을 떠나 하늘로 올라가셨다."(눅 24:51; 행 1:9-10; 비교 막 16:19) 그러나 사도신경은 예수의 부활과 승천을 신앙고백의 가장 핵심적인 부분으로 명시하고 있다: "하늘에 오르사 하나님의 우편에 앉아 계시다가, 저리로서 산 자와 죽은 자를 심판하러 오시리라." 이러한 예수 승천에 대한 신앙고백에 상응하게 초대교회는 그의 재림을 고대하고 있었다: "또 죽은 자들 가운데서 다시 살리신 그의 아들이 하늘로부터 강림하심을 기다린다고 말하니, 이는 장래 노(怒)하심에서

---

1) Raymond E. Brown, The Virginal Conception and Bodily Resurrection of Jesus (New York·Paramus·Toronto : Paulist Press, 1973), 128.

우리를 건지시는 예수시니라"(살전 1:10; 4:16; 살후 1:10; 비교. 행 1:11). 확실히 초대교회는 승천의 문제를 신앙의 중요한 대상이라기보다는 전제로 보았으며, 그 토대를 확고히 하고 있다. 이는 복음서 기자들이 예수의 부활과 승천에 대하여 상대적으로 덜 언급한다고 해도 승천을 결코 과소평가해서 나온 결과는 아니라는 것을 설명한다. 즉 복음서에서 예수는 지상 사역을 시작하는 서두에 스스로 "하나님의 나라가 가까웠다"라고 선포했다. 이는 초대교회에서 예수의 승천이 덜 강조되었거나 관심 밖에 있었다기 보다는 신앙의 전제였음을 기정사실로 받아들이고 있었다는 확실한 증거다. 그러나 예수의 사후에는 승천이 중요한 주제로 부각되었으며, 복음서 기록 후로는 실제로 그의 하늘로부터의 강림을 기다리고 있었다. (살전 4:16)

2. 승천과 전통[2]

승천과 관련된 초대교회의 믿음은 어느 날 갑자기 생겨난 것은 아니었다. 물론 예수님의 부활과 승천이 결정적이기는 하지만 구약에서부터 내려오는 승천의 전통과도 밀접한 관계에 있다. 승천은 예수의 권위의 독특성(요 3:13)을 설명할뿐만 아니라 바울이 다메섹 도상에서 겪었던 체험의 배경을 이루기도 한다. (고후 12:1-3) 그러므로 승천의 초대교회 전승은 진정성이 있는 계시의 경험이자 하나님의 계시의 직접적인 접촉이기도 하다. 이는 구약에서부터 내려오는 전통으로써 낯설지 않은 전승이다. 그러나 구약에서 승천 경험의 일반적인 특징은 지상에서 이루어졌다. 그 이유는 하나님이 직접 지상에 계시한 까닭이다. 하나님은 하늘에 있는 존재지만(신 4:36; 26:15; 시 11:53) 그 자신의 이름을 통하여(신 12:5; 11, 21; 14:23-25; 16:2; 왕상 9:3; 11:36; 14:21; 왕하 21:4, 7) 성전(시 46:5; 74:2; 132:13)에서 현존을 통하여 나타났다. 때로는 성막(출 25:9, 40; 26:30) 역시 하나님의 현존을 체험하는 공간으로서 기능했다. 이를 요약하면 구약에서 하나님의 체험은 하나님 자신이 하늘로 인간을 초대하는 공간으로서 의미보다는 하나님이 인간을 만나는 공간으로서 이해된다.[3] 그러므로 구약에서 인간이 하나님을 만나기 위해서는 성전으로 들어가야 하며, 거기에는 반드시 선행되어할 조건이 있었다. 인간은 제사 행위를 통하여 죄를 정화시켜야 한다. 따라서 구약에서 하나님을 만나는 일반적인 용어는 '성전에 들어간다'는 것이다. 그러므로 하나님을 경험하기 위하여 하늘로 올라간다는 용어는 극히 자제되었다. 그러나 하나님이 스스로 나타났다가 하늘에 올라간다는 예외적인 표현은 창세기에서 처음 나타난다.

창세기 17:1
아브람의 구십 구세 때에 여호와께서 아브람에게 나타나서 그에게 이르시되 나는 전능한 하나님이라 너는 내 앞에서 행하여 완전하라

창세기 17:22
하나님이 아브라함과 말씀을 마치시고 그를 떠나 올라가셨더라

다음으로 인간이 하늘로 올라갔다는 놀라운 표현도 나타난다. 그러나 인간 스스로 올라갔다는 의미보다는 하나님의 특별한 개입으로 일어났다. 창세기 5장 24절에 의하면 에녹이 하늘로 올라갔다.

창세기 5:24
에녹이 하나님과 동행하더니 하나님이 그를 데려가시므로 세상에 있지 아니하였더라

---

2) 에녹서 등 외경, 위경, 또한 바울과 예수에 흐르고 있는 승천 전승을 위해서는 배정훈, "승천전승 (Heavenly Ascent)의 기원과 발전," 『장신논단』 제24집 (2005), 59-77.
3) R. E. Clements, God and Temple (Oxford: Basil Blackwell, 1965), 117.

에녹이 하늘로 올라갔다는 명시적인 표현은 아니지만 에녹의 죽음을 의미하는 것은 분명하다. 그리고 에녹이 하나님과 동행하여 하늘로 올라갔다는 표현이라는데 의심할 바 없다. 다음으로 나오는 인물이 엘리야다. 엘리야가 하늘로 올라갔다는 표현은 직접적이고 명시적이다.

> 열왕기하 2:11
> 두 사람이 행하며 말하더니 홀연히 불수레와 불말들이 두 사람을 격하고 엘리야가 회리바람을 타고 승천하더라

엘리야 역시 하나님의 특별한 은혜를 따라 하늘로 올라갔지만 스스로 올라간 것은 아니었다. 에녹과 마찬가지로 엘리야 역시 하나님의 인도가 있었다. 이것은 승천에 대한 하나님의 특별한 개입을 의미하며 다른 한편으로 승천에 대한 하나님의 경계를 동시에 가지고 있다. 그러므로 승천에 대한 하나님의 계시가 주관적으로 적용되지 않도록 토라와의 긴장 관계가 형성되었다. 이사야와 잠언에서 그 의미가 드러난다.

> 신명기 30:11-12
> 내가 오늘날 네게 명한 이 명령은 네게 어려운 것도 아니요 먼 것도 아니라 하늘에 있는 것이 아니니 네가 이르기를 누가 우리를 위하여 하늘에 올라가서 그 명령을 우리에게로 가지고 와서 우리에게 들려 행하게 할꼬 할것이 아니요

> 잠언 30:4
> 하늘에 올라갔다가 내려온 자가 누구인지, 바람을 그 장중에 모은 자가 누구인지, 물 을 옷 에 싼 자가 누구인지, 땅의 모든 끝을 정한 자가 누구인지, 그 이름이 무엇인지, 그 아들의 이름이 무엇인지 너는 아느냐

따라서 승천을 내세워 하나님의 말씀의 권위보다 상위에 두려는 시도는 교만에 빠질 위험에 노출된다. 구약에서 그 근거를 찾을 수 있다.

> 이사야 14:13
> 네가 네 마음에 이르기를 내가 하늘에 올라 하나님의 뭇별 위에 나의 보좌를 높이리라 내가 북극 집회의 산 위에 좌정하리라

> 아모스 9:2
> 저희가 파고 음부로 들어갈찌라도 내 손이 거기서 취하여 낼 것이요 하늘로 올라갈찌라도 내가 거기서 취하여 내리울 것이며

구약에서 승천의 사상이 토라와 깊은 긴장 관계에 있다는 사실은 무엇을 의미하는가? 구약은 하나님을 만난다는 본질적 의미를 하나님의 말씀 즉 토라에 두고 있음을 암시한다.

3. 승천과 인간의 삶

앞서 성경에서 승천은 역사적 사실이며 인간에게 경험될 수 있는 영역에 있다는 사실을 살펴보았다.

아래에서는 에녹과 엘리야의 승천을 살펴보면서 하나님의 동행하심과 특별한 은혜가 함께 한다면 승천의 역사적 사실이 경험될 수 있는 것으로 보인다.

에녹의 승천과 엘리야의 승천

1. 에녹의 승천

1) 에녹

에녹을 언급하는 이유는 구약에서 죽음을 맛보지 않고 승천한 인물이기 때문이다. 물론 에녹이 승천을 하였기 때문에 주목을 받기는 하지만 더욱 중요한 것은 그가 하나님과 동행하였다는 기록이 남아있기 때문이다. 그러므로 승천의 문제도 중요하지만 승천의 원인이 된 요인들을 함께 살펴보는 것이 적절하고도 건전한 종말론적 신앙이 된다. 그러므로 에녹의 삶은 모든 신앙인들이 흠모할만한 모범이다. 하나님과 '동행하는 삶'이야말로 이론의 여지가 없는 가장 이상적인 모습이기 때문이다. 에녹에 대한 이야기는 창세기 5:18-24에 짧게 나타난다.

> 창세기 5:18-24
> 야렛은 백육십이 세에 에녹을 낳았고 에녹을 낳은 후 팔백 년을 지내며 자녀들을 낳았으며 그는 구백육십이 세를 살고 죽었더라 에녹은 육십오 세에 므두셀라를 낳았고 므두셀라를 낳은 후 삼백 년을 하나님과 동행하며 자녀들을 낳았으며 그는 삼백육십오 세를 살았더라 에녹이 하나님과 동행하더니 하나님이 그를 데려가시므로 세상에 있지 아니하였더라

에녹에 대한 인상적인 언급이 있으나 구체적인 내용은 알 수가 없다. 다만 에녹이 하나님과 "동행"하더니 하나님이 그를 데려갔다는 내용만이 가장 눈에 띈다. 족보에 따르면 가인이 아벨을 살해한 후, 아담은 가인을 버리고 셋을 통해 자신의 후사를 이어간다. 창세기 4장 25절에서 '아담이 다시 자기 아내와 동침하매 그가 아들을 낳아 셋'이라고 부르는 장면이 있다. 셋의 후손을 통해 새로운 족보가 만들어진다. 에녹의 아들 므두셀라까지의 족보다. 이를 그냥 그대로 적으면 그 족보는 아담-셋-에노스-게난-마할랄렐-야렛-에녹-므두셀라까지다. 따라서 에녹은 아담의 육대손이 된다. 그러나 대개 칠대 손으로 칭하는데 아담까지 했을 때이다. 히브리 민족의 족보 계산법은 우리와 조금 다르다. 성경은 대개 그를 칠대 손으로 말한다.

여기서 에녹에 대한 성경의 기록을 살펴보는 것이 이해에 도움이 될 것이다. 특히 에녹의 승천이 주는 의미와 승천의 근본적인 뜻을 바로 알기 위해서는 성경의 다른 저자들이 남긴 기록을 살펴보는 것도 중요하다. 에녹에 대한 기록은 역대상 1장 3절, 누가복음 3장 37절, 히브리서 11장 5절, 유다서 1장 14절이다. 기록이 많다고 할 수 없으나 우선 살펴보면 다음과 같다.

> 역대상 1:1-3
> 1. 아담, 셋, 에노스,
> 2. 게난, 마할랄렐, 야렛,
> 3. 에녹, 므두셀라, 라멕,

역대상을 시작하는 부분으로 1절부터 27절까지 이어지는 아브라함의 조상의 족보다. 에녹의 이름은 3절에서 나타난다. 이 족보로는 에녹에 대한 세세한 내용에 대하여 아무것도 알 수 없다. 다음으로 신약 성경 누가복음 3장 37절에서 나타난다.

누가복음 3:37
그 위는 므두셀라요 그 위는 에녹이요 그 위는 야렛이요 그 위는 마할랄렐이요 그 위는 가이난이요 그 위는 에노스요 그 위는 셋이요 그 위는 아담이요 그 위는 하나님이시니라 누가의 족보는 예수님으로 부터 하나님까지 역으로 올라가는 족보다. 마찬가지로 에녹의 이름은 언급되었지만 에녹에 대한 정보는 거의 소개되지 않았다. 다만 신약시대에까지 에녹의 이름이 여전히 언급되는 것은 특별히 눈길을 끈다. 다음으로 신약성경 히브리서 11장 5절이다.

히브리서 11:5-6
믿음으로 에녹은 죽음을 보지 않고 옮겨졌으니 하나님이 그를 옮기심으로 다시 보이지 아니하였느니라 그는 옮겨지기 전에 하나님을 기쁘시게 하는 자라 하는 증거를 받았느니라 믿음이 없이는 하나님을 기쁘 시게 하지 못하나니 하나님께 나아가는 자는 반드시 그가 계신 것과 또한 그가 자기를 찾는 자들에게 상 주시는 이심을 믿어야 할지니라

히브리서 11장에는[4] 믿음의 조상들에 대한 연대기적 서술이 있다. 이 서술 속에서 많은 믿음의 조상들 이 등장한다. 히브리서 기자는 조상들의 삶을 시간을 따라 선별적으로 제시하면서 이들의 믿음에 대해서 서술하고 있다. 그 가운데 에녹이 언급되어 있어 흥미롭다. 더불어 히브리서 11장은 믿음의 장으로 잘 알려져 있으며, 에녹이 믿음과 결부되어 다시 등장하는 것은 구약에서 하나님과 동행했다는 언급에 어떤 연결점을 시사한다. 승천을 통하여 죽음을 극복하고 하늘로 올라간 에녹의 특별한 상황이 믿음과[5] 관련 되어 있다. 에녹은 유다서 1장 14-15절에서 다시 나타난다.

2) 에녹과 예언
에녹과 관련하여 가장 인상적인 의미를 전달하는 신약의 구절은 바로 유다서 1장 14-15절이다. 에녹이 하나님과 동행하였다는 구체적인 의미는 그가 예언의 능력을 가진 자로 소개된다는 사실이다.

유다서 1:14-15
아담의 칠대 손 에녹이 이 사람들에 대하여도 예언하여 이르되 보라 주께서 그 수만의 거룩한 자와 함께 임하셨나니 이는 뭇 사람을 심판하사 모든 경건하지 않은 자가 경건하지 않게 행한 모든 경건 하지 않은 일과 또 경건하지 않은 죄인들이 주를 거슬러 한 모든 완악한 말로 말미암아 그들을 정죄 하려 하심이라 하였느니라

---

4) 히브리서를 외형적으로 볼 때, 구조와 형식에 대한 적지 않는 논의가 있었다. George H. Guthrie, The Structure of Hebrews: A Text-Linguistic Analysis, (New York: Baker Books, 1994); Vanhoye, La structure littéraire de l' Épître aux Hébreux, (Paris: Desclée de Brouwer, 1976); Lund, A Study in the Form and Function of Chiastic Structures, (Peabody: Hendrickson, 1992); David Alan Black, "Literary Artistry in the Epistle to the Hebrews", Filologia Neotestamentaria 7 (1994).
5) 히브리서 저자는 '믿음'이란 단어를 모두 31번이나 반복적으로 사용하고 있다(히 4:2, 6:1, 12, 10:22, 38, 39, 11:1, 3, 4, 5, 6, 7(2), 8, 9, 11, 13, 17, 20, 21, 22, 23, 24, 27, 28, 29, 30, 31, 33, 39, 12:2, 13:7). 헬라어 피스티스 즉 '믿음'이라는 단어는 히 브리서에서 3차례를 제외하고 모두 10-11장까지 사용되었으며, 11장에서 가장 빈번한 사용례를 보여준다. 히브리서 11장에서 만큼 믿음이란 단어가 자주 언급되며 세밀하게 논하는 성서 저자는 찾기가 어렵다; cf. Victor Rhee, The Concept of Faith in the Overall Context of the Book of Hebrews, UMI (Dallas Theological Seminary,1996).

Προεφήτευσεν δὲ καὶ τούτοις ἕβδομος πὸ Ἀδὰμ Ἐνὼχ λέγων ἐν ἁγίαις μυριάσιν αὐτοῦ ποιῆσαι κρίσιν κατὰ πάντων καὶ ·ἐ λιδέγοξὺα ῆι λπθᾶεσνα νκ ὑψρύιοχ σῆκν λπηερρῶ̀ι νπ ἀώντνω νέλ τάώλνη ἔσραγνω νκ α τσ᾽ε βαεύίταος ὑα ὑάτμῶανρ τῶωνλ ἠοσίέ β ησσεαβνε ῖκ͵σα.ὶ περὶ πάντων τῶν

다른 기록에서보다 조금 더 구체적으로 에녹을 언급하는 점이 이채롭다. 에녹이 특정 인물 혹은 집단과 관련하여 부정적 반응을 보이는 부분이다. 즉 이 부분은 영지주의자들을 반박하고 공격하는 내용이다. 그러나 여기서 주목할 것은 유다가 인용하는 구절이 구약성경이 아니라는 사실이다. 외경에 속하는 에녹서의 일부이다.6) 에녹서라는 이름을 가진 외경은 모두 3개다.

《에녹 1서》·《에녹 2서》·《에녹 3서》 에녹서(The Book of Enoch) 또는 《에녹 1서》를 말한다. 에녹1서는 위경에 속하며 가톨릭 성서에 들어가 있다. 에녹1서는 에디오피아어로 존재하며, 에녹 2서는 고대 슬라브어, 에녹 3서는 히브리어로 존재한다. 에디오피아 정교회는 에녹 1서를 정경으로 받아들인다. 현재 전해지는 에녹서는 마카오시대인 기원전 160년경에 기록된 것으로 알려져 있다. 위에 인용된 유다서 구절을 다시 한번 더 보면 "보라 주께서 그 수만의 거룩한 자와 함께 임하셨나니 이는 뭇 사람을 심판하사 모든 경건하지 않은 자가 경건하지 않게 행한 모든 경건하지 않은 일과 또 경건하지 않은 죄인들이 주를 거슬러 한 모든 완악한 말로 말미암아 그들을 정죄하려 하심이라 하였느니라." 인용 부분은 에녹 1서의 일부를 인용한 것으로 판단된다.

에녹의 시대는 극도로 타락한 시대였다. 구약성경에 의하면 에녹은 하나님과 동행했고, 일상에서 하나님을 말씀에 따라 순종하면서 살았다. 하나님과 동행함이 무엇인지 정확하게 아는 것은 어렵지만 위경 집회서를 보면 흥미로운 점이 관찰된다. 기원전 2세기 경의 집회서에서 에녹은 "조상들에 대한 칭송" 중에서 첫 번째로 언급이 된다: "에녹은 주님을 기쁘게 해 드린 후 하늘로 옮겨졌다. 그는 만대에 회개의 모범이 되었다." 이 집회서 본문의 히브리어 사본에서 우리는 매우 흥미로운 변형을 발견한다: "에녹은 완벽[했으]며 하나님과 함께 살았다. 그는 들어 올려졌는데 모든 세대를 위한 놀라운 지식을 가졌다."7) 비록 위경이기는 하지만 에녹에 대한 전승은 많은 놀라운 것들을 포함하고 있다.8) 에녹이 왜 죽음이 없이 하늘로 바로 올라갔는지, 그리고 구약에서 하나님과 동행하였다는 의미가 무엇인지, 에녹의 삶에 대한 인식은 어느 정도였는지 흔적들을 남기고 있다. 이것은 창세기 본문에서 에녹이 하나님과 동행하였다는 의미를 잘 뒷받침하는 근거가 되기도 한다. 그러면 에녹이 승천한 동기로서 내세웠던 "동행"의 어원을 간단하게 살펴보자. 동행이란 무엇인가? 사용된 단어는 히브리어 '할라크 '이다. 창세기 5장 22절에서 할라크는 피엘 동사, 즉 능동 강조형이다. 이 단어는 창세기 6장 9절에서 노아에게도 사용되었는데, 동일한 의미에서 사용된 어법이다. 창세기 3장 8절에서는 '동산에 거니시는 여호와 하나님의 소리'에서도 사용되었는데 그때는 히필형이 사용되었다. 스가랴 10장 12절에서도 사용되었다. 스가랴 10장 12절을 보면, "내가 그들로 나 여호와를 의지하여 견고하게 하리니 그들이 내 이름으로 행하리라 나 여호와의 말이니라"에서 행한다는

---

6) 에녹서는 에녹이 하늘에 올라간 후, 무슨 일이 있었는지 천상의 경험을 구체적으로 열거하고 있다. 에녹은 하늘에 들어 올려져서, 거기에서 종말론적인 비밀에 대한 계시, 즉 다가올 세상의 미래, 예정된 인간의 역사 등에 관한 신적 계시를 받았다는 것이다. 그래서 에녹은 마지막 시대의 의인들을 위하여 그의 아들 므두셀라에게 계시의 비밀을 남기게 된다는 것이다. 여기서 에녹은 계시자, 지혜자, 서기관, 제사장, 종말론적 심판자 등으로 묘사된다. E. Isaac, "1(Ethiopic Apocalypse of) Enoch", The Old Testament Pseudepigrapha, vol. 1, (Doubleday, 1983), 5.

7) M.E. Stone, "Apocalyptic Literature", M.E. Stone(ed.), Jewish Writings of the Second Templs Period: Apocrypha, Pseudepigrapha, Qumran Sectarian Writings, Philo, Josephus, Van Gorcum, 1984, 396

8) 에티오피아어 에녹서에 대하여 다음의 논의들을 참고하면 유익할 것이다. Byung Hak Lee, Befreiungser- fahrungen von der Schreckensherrschaft des Todes im äthiopishen Henochbuch. Der Vordergrund des Neuen Testaments(Waltrop: Hartmut Spenner, 2005); George W. E. Nickelsburg, A Commentary on the Book of 1 Enoch, Chapters 1-30; 81-108 (Minneapolis: Fortress Press, 2001); David R. Jackson, Enochic Judaism (London/New York: T&T Clark International, 2004).

의미에 연결되었다. 여기서 할라크 동사가 가지는 일반적인 의미는 '산책하다' '함께 걷다' '어떤 일을 행하다'는 뜻을 가지고 있다. 만약 할라크가 사람과 함께하면 '동행'이 되지만 어떤 행위 자체만 드러낼 때는 '행한다'는 뜻을 갖는다. 그러므로 할라크의 기본적인 의미는 '걷다'와 '행하다'로 좁혀진다. 그런데 영이신 하나님과 어떻게 동행할 수 있을까? 물론 성경에서 하나님의 인격체는 많이 의인화되어 있다는 것은 잘 알려진 사실이다. 하나님은 손을 가지고 있으며, 팔을 가지고 있기도 하고, 눈을 가지고 있기도 하다. 따라서 하나님과 동행은 '함께 걷다'의 의미로부터 하나님 말씀에 대한 '순종'을 뜻한다. 여기서 하나님과 함께함은 하나님의 말씀과 관련이 있다고 볼 때, 율법이나 계명과 동의어로 생각된다. 따라서 계명은 하나님의 뜻에 대한 순종이자 하나님의 뜻으로 나아가는 길을 의미한다. 이것은 예수가 제자들을 부를 때도 같은 의미를 지닌다. 제자들에게 '나를 따르라'는 명령은 성향이나 행함의 방향을 뜻한다. 가령 예수가 '누구든지 나를 따르려거든 자기 십자가를 지고 따를 것이다'는 구절을 보면 분명히 행함의 의미를 가지고 있다. 다른 예를 다시 들자면, 가인처럼 행동하면 가인의 길(유 1:11)이라 하고, 여로보암을 따르면 여로보암의 길(왕상 15:34, 16:2,9 22:26), 다윗을 따라 행하면 다윗의 길(대하 34:2)이라고 말한다. 유다서 1장 11절에 '화 있을진저 이 사람들이여, 가인의 길에 행하였으며 삵을 위하여 발람의 어그러진 길로 몰려 갔으며 고라의 패역을 따라 멸망을 받았도다' 구절을 읽어도 특정 인물을 따르는 것은 행함과 분리해서 이해할 수 없음을 알 수 있다. 구약성경에도 유사한 의미는 풍부하게 나타난다. 열왕기상 15장 34절에 의하며, '바아사가 여호와 보시기에 악을 행하되 여로보암의 길로 행하며 그가 이스라엘에게 범하게 한 그 죄 중에 행하였더라'고 기록하고 있다. 역대하 34장 2절에서도 '여호와 보시기에 정직하게 행하여 그의 조상 다윗의 길로 걸으며 좌우로 치우치지 아니하고…'에서 하나님과 동행한다고 말할 때는 여호와의 길을 걷는 것이며, 그것은 여호와의 계명을 행한다는 뜻이다. 그렇다면 에녹이 하나님과 동행했다는 의미는 어렵지 않게 해석될 수 있다. 에녹은 하나님의 계명을 따라 살았다는 말이며, 삶으로 주님을 뜻을 행하였다는 말이 된다. 따라서 히브리서 11장 5절에 에녹에 대한 언급은 구약성경에서부터 전통을 그대로 반영하는 것으로 생각된다. 그 전통과 관련된 규범은 모세가 십계명을 받기 전에 안식을 어긴 사건에서 답을 찾을 수 있다. 출애굽기 16장 23절을 보자.

출애굽기 16:23
'모세가 그들에게 이르되 여호와께서 이같이 말씀하셨느니라 내일은 휴일이니 여호와께 거룩한 안식일이라 너희가 구울 것은 굽고 삶을 것은 삶고 그 나머지는 다 너희를 위하여 아침까지 간수하라'

그리고 출애굽기 16장 29절에서도 유사하게 나타난다.

출애굽기 16:29
'볼지어다 여호와가 너희에게 안식일을 줌으로 여섯째 날에는 이틀 양식을 너희에게 주는 것이니 너희는 각기 처소에 있고 일곱째 날에는 아무도 그의 처소에서 나오지 말지니라'
출애굽기 두 구절에서 믿음 혹은 행함의 규범이 오랜 시간의 전통 속에서 보존되고 있음을 알 수 있다. 어떻게 보면 규범은 십계명이 아니더라도 창세기 기록의 처음부터 존재하고 있었다는 생각이 든다.

창세기 2:15-17
여호와 하나님이 그 사람을 이끌어 에덴 동산에 두어 그것을 경작하며 지키게 하시고 여호와 하나님이 그 사람에게 명하여 이르시되 동산 각종 나무의 열매는 네가 임의로 먹되 선악을 알게 하는 나무의 열매는 먹지 말라 네가 먹는 날에는 반드시 죽으리라 하시니라 하나님과 교제가 계속되기 위해서는 '선악을 알게 하는 나무의 열매는 먹지말라'는 언약의 선제조건이 성실하게 이행되어야 한다. 그러나 언약에 대한 불이행의 결과는 죽음이다. 죽음이 하나님의 말씀에 대한 불순종의 결과이기 때문에 굳이 십계명을 언급하지 않더라도 하나님과 동행에는 규범이란 것이 늘 있었을 것으로 생각된다. 그렇다면 신약에서 에녹에 대하여 유일하게 언급하고 있는 히브리서 11장 5절은 승천과 관련하여 많은 난제들을 어느 정도 해명하는 구절이라고 해도 무방하다.

> 히브리서 11:5
> 믿음으로 에녹은 죽음을 보지 않고 옮겨졌으니 하나님이 그를 옮기심으로 다시 보이지 아니하였느니라 그는 옮겨지기 전에 하나님을 기쁘시게 하는 자라 하는 증거를 받았느니라
>
> Πίστει Ἐνὼχ μετετέθη τοῦ μὴ ἰδεῖν θάνατον, καὶ οὐχ ηὑρίσκετο αὐτὸν ὁ θεός. πρὸ γὰρ τῆς μεταθέσεως μεμαρτύρηται εὐαρεστ δηικόέτνια μι εττῷέθ θηκεψεν·

히브리서의 기자의 해석에서 눈여겨볼 점은 '하나님을 기쁘시게 하는 자'에 있다. 그 의미는 믿음과 연결하여 이해할 수 있다. 히브리서 기자는 하나님을 기쁘시게 하는 자는 믿음을 가진 자이다. 그러나 신약성경의 배경에서 믿음은 예수 그리스도 없이는 불가능하다.[9] 결국 믿음은 구약의 모든 선지자와 율법이 말한 예수 그리스도를 믿는 것이라고 결론지을 수 있다. 에녹이 하나님과 동행한 것은 신약적 전망에서 믿음의 행위로 간주된다. 구약적 전망에서 하나님을 기쁘시게 하는 것은 신약에서 '믿음'으로 해석된다.

3) 에녹의 승천에 대한 천상에서의 서사라 목사의 깨달음

앞장에서 에녹의 승천에 대한 성경의 의미를 간략하게 살펴보았다. 분석의 결과, 승천은 역사적 사실이며, 실제로 발생한 사건이다. 그러나 에녹의 승천은 그 자체로 독립적 주제로 다루어지지 않았다. 그의 승천은 하나님과 동행한 결과로서 주어진 것이며, 이 같은 이해는 신약시대까지 중요한 전통으로서 내려왔다. 특히 예수도 하나님과 동행한 하나님의 아들로서 부활과 승천이라는 맥락에서 에녹과 공유하는 점이 존재한다. 이 같은 이유로 에녹이 신약성경에서도 언급되는 결정적 요인이 된다. 특히 에녹 1서는 위경에 속하기는 하지만 승천 경험에 있어 중요한 일면을 남기기도 한다. 그러면 이제 천상에서 주님께서 서사라 목사에게 깨우치게 하여주신 에녹의 승천에 대하여 알아보고자 한다. 그러나 개인적인 천상 경험은 철저하게 주관적이어서 그 이상을 넘어가는 어떤 시도도 자제하고자 노력하였다는 점을 밝힌다.

에녹과 엘리야의 승천에 대한 서사라 목사의 천상 경험은 2018년 4월 25일 날짜에 관련되어 있다. 여기서는 우선 서사라 목사의 천상 경험을 그대로 인용하고자 한다.

그 후에 그녀가 소개하는 천상 경험이 하나님의 특별한 은혜의 범주에 있는지 성경적 관점에서 나누고자 한다.

(1) 에녹의 승천에 대한 서사라 목사의 천상에서의 깨달음

그날 아침에 하나님께서는 기도하는 서사라 목사에게 천상을 경험할 수 있는 특별한 은혜를 허락하셨다.

---

9) Marie E. Issacs, Sacred Space: An Approach to the Theology of the Epistle to the Hebrews, 205–219(4.3 Heaven as the Eschatological Goal of the People of God); J.Swetnam, "The Greater and More Perfect Tent: A Contribution to the Discussion of Hebrews 9,11" Biblica 47 (1966), 91–106.

천상에서 서사라 목사는 주님과 엘리야를 만난후 다음과 같은 대화와 깨달음을 적고 있다. 다음은 서사라 목사의 글을 그대로 인용한 것이다.[10]

저 밑에 엘리야의 하얀 궁과 그의 넓고 넓은 정원이 보였다.

주님께서 내가 아래로 내려다보는 것을 약간 겁내는 것을 아시고 정자주위로 하얀 구름을 재빨리 두르셨다. 그리하여 아래가 더 이상 보이지 않는 구름 속에 둘러싸인 정자로 보였다. 그 안에 주님, 엘리야, 그리고 내가 있었다. 나는 먼저 주님께 질문하였다.

"주님 저는 도저히 이 부분이 이해가 안가요..."

그곳은 엘리야의 승천장면이었다.

왕하 2:7-18

(7) 선지자의 생도 오십인이 가서 멀리 서서 바라보매 그 두 사람이 요단 가에 섰더니 (8) 엘리야가 겉옷을 취하여 말아 물을 치매 물이 이리 저리 갈라지고 두 사람이 육지 위로 건너더라 (9) 건너매 엘리야가 엘리사에게 이르되 나를 네게서 취하시기 전에 내가 네게 어떻게 할 것을 구하라 엘리사가 가로되 당신의 영감이 갑절이나 내게 있기를 구하나이다 (10) 가로되 네가 어려운 일을 구하는도다 그러나 나를 네게서 취하시는 것을 네가 보면 그 일이 네게 이루려니와 그렇지 않으면 이루지 아니하리라 하고 (11) 두 사람이 행하며 말하더니 홀연히 불수레와 불말들이 두 사람을 격하고 엘리야가 회리바람을 타고승천하더라 (12) 엘리사가 보고 소리지르되 내 아버지여 내 아버지여 이스라엘의 병거와 그 마병이여 하더니 다시 보이지 아니하는지라 이에 엘리사가 자기의 옷을 잡아 둘에 찢고 (13) 엘리야의 몸에서 떨어진 겉옷을 주워가지고 돌아와서 요단 언덕에 서서 (14) 엘리야의 몸에서 떨어진 그 겉옷을 가지고 물을 치며 가로되 엘리야의 하나님 여호와는 어디 계시니이까 하고 저도 물을 치매 물이 이리 저리 갈라지고 엘리사가 건너니라 (15) 맞은편 여리고에 있는 선지자의 생도들이 저를 보며 말하기를 엘리야의 영감이 엘리사의 위에 머물렀다 하고 가서 저를 영접하여 그 앞에서 땅에 엎드리고 (16) 가로되 당신의 종들에게 용사 오십인이 있으니 청컨대 저희로 가서 당신의 주를 찾게 하소서 염려컨대 여호와의 신이 저를 들어 가다가 어느 산에나 어느 골짜기에 던지셨을까 하나이다 엘리사가 가로되 보내지 말라 하나 (17) 무리가 저로 부끄러워하도록 강청하매 보내라 한지라 저희가 오십인을 보내었더니 <u>사흘을 찾되 발견하지 못하고</u> (18) 엘리사가 여리고에 머무는 중에 무리가 저에게 돌아오니 엘리사가 저희에게 이르되 내가 가지 말라고 너희에게 이르지 아니하였느냐 하였더라

즉 사람이 죽으면 올라간다. 하나님의 사람이 죽으면 셋째하늘 낙원에 가는 것이다. 그러므로 엘리야도 죽지는 않았으나 갑자기 회오리바람으로 하나님께서 하늘로 취하여 가신 것이다. 그러므로 일부 사람들이 주장하기를 구약에서는 사람들이 죽으면 음부로 먼저 갔다가 후에 낙원으로 갔다라고 주장하는 사람들이 있는데 다 맞지 않는 소리인 것이다.

그런데 여기서 나는 정말 고민이 되었다.
'제가 알기로는 낙원은 영체들만 있는 것으로 아는데 어찌 엘리야의 몸 죽고 썩고 없어질 몸이 승천하였다고 되어 있는지요?'

---

10) 서사라, 『이제도 있고 전에도 있었고 장차 올 자 예수 그리스도』 룻기 사무엘상하 열왕기상하 역대상하, 서사라 목사의 천국지옥 간증수기 vol. 9 구약편 2권 (서울: 하늘빛 출판사, 2022), 116-121.

그리하였더니 지상에서는 아무리 이것에 대하여 고민하고 고민해도 모르는 것이 이 천상에서는 이상히도 순식간에 깨달아지는 것이다.

즉 엘리야의 몸이 죽고 썩고 없어질 그 몸이 천국에 들어간 것이 아니라 공중에서 그 몸이 '유'였는데 '무'로 변하였다는 것이다.

우리가 믿는 하나님은 무에서 유를 창조하시기도 하지만 그러나 유를 무로 없애시기도 하시는 분이신 것이다. 또한 롯의 아내를 그 영을 지옥으로 취하여 가셨지만 그 육체를 순식간에 소금 기둥으로 변하게 하신 분이 하나님이신 것이다.

나는 지상에서 세가지 경우를 생각하여 보았었다.

지상에서는 나는 그 죽고 썩고 없어질 그 몸이 천국에 그대로 들어갈수 없으니 첫째는 하나님께서 아담에게 너는 흙에서 왔으니 흙으로 돌아가라 하신 것처럼 공중에서 그 몸이 흙으로 변하여 이 땅위에 흩어졌나? 하고도 생각을 해보았다. 두 번째는 주님께서 아예 그 죽고 썩고 없어질 그 몸을 영원히 썩지 아니할 몸으로 변화시켜서 천국에 데리고 가셨나? 아니면 혹 엘리야의 영혼만 데려가시고 그 몸을 어디에다가 던지시거나 갖다놓으셨나?라고 여러 가지를 생각하여 보았다.

두 번째 엘리야의 죽고 썩고 없어질 몸이 영원히 썩지 않는 몸으로 변하여 들어갔을 것이다하는 것은 정말 아닌 것이 성경은 분명히 예수님께서 우리 부활의 첫 열매라 하셨으므로 그럴 수는 없다. 왜냐하면 성경은 진리 그 자체이기 때문이다. 그러면 이 세 번째의 경우를 생각하여 그 선지 생도들이 엘리사가 찾으러 가지 말라고 했는데도 불구하고 사흘동안 엘리야의 시체를 찾으러 다녔던 것이다. 그런데 그들은 그 몸을 발견하지 못하였다.

우리는 이렇게 지상에서는 여러 가지로 생각하고 상상할 수가 있다.

그러나 천상에서 주님이 내게 가르쳐 주신 것은 위의 모든 것이 아니라 하시고 **하나님께서 엘리야의 영을 취하여 가실 때 그 엘리야의 죽고 썩고 없어질 그 몸을 유에서 무로 변하게 하셨다는 것이다. 즉 육체가 분명히 있었는데 갑자기 없어졌다는 것이다.**

이것이 가능한가? 가능하다. 이것이 하나님의 창조의 능력이다. 무에서 유를 창조하시는 유에서 무로 없게 하시는 왜냐하면 그분은 하나님이시기 때문이다.

이 세상은 하나님의 말씀으로 지어졌고 (즉 무에서 유가 창조되었고) 또 그 동일한 하나님의 말씀으로 이세상이 없어질 것이다 (즉 유가 무가 될 것이다). 그러므로 하나님에게는 불가능이 없으시므로 간단히 그 엘리야의 육체자체가 사라져 버리게 하실 수 있다. 할렐루야.

히 11:1-3
(1) 믿음은 바라는 것들의 실상이요 보지 못하는 것들의 증거니 (2) 선진들이 이로써 증거를 얻었느니라 (3) 믿음으로 모든 세계가 하나님의 말씀으로 지어진 줄을 우리가 아나니 보이는 것은 나타난 것으로 말미암아 된 것이 아니니라

하나님께서 말씀으로 이 세상을 창조하셨다.
예수님이 말씀으로 처녀 마리아에게 잉태되어 탄생하셨다.

눅 1:34-37
(34) 마리아가 천사에게 말하되 나는 사내를 알지 못하니 어찌 이 일이 있으리이까 (35) 천사가 대답
하여 가로되 성령이 네게 임하시고 지극히 높으신 이의 능력이 너를 덮으시리니 이러므로 나실 바 거룩한
자는 하나님의 아들이라 일컬으리라 (36) 보라 네 친족 엘리사벳도 늙어서 아들을 배었느니라 본래 수태
하지 못한다 하던 이가 이미 여섯 달이 되었나니 (37) 대저 하나님의 모든 말씀은 능치 못하심이 없느니라

그러므로 '대저 하나님의 말씀은 능치 못함이 없느니라'는 말씀이 맞다.

하나님의 말씀 한마디에 이 하늘과 땅이 없어질 것이다.
또한 하나님께서는 그 동일한 말씀으로 이 세상을 유지하고 계신다.

히 1:3
이는 하나님의 영광의 광채시요 그 본체의 형상이시라 그의 능력의 말씀으로 만물을 붙드시며 죄를
정결케 하는 일을 하시고 높은 곳에 계신 위엄의 우편에 앉으셨느니라

그러므로 엘리야를 회리바람으로 취하여 가실 때에 그 영혼은 낙원으로 데리고 **가시고 그 죽고 썩고**
없어질 그 몸은 그냥 없어지게 하셨다는 것이다. 있었던 육체가 유가 무가 되어버렸다. 그리고서는 그 몸에
들어 있는 영은 취하여 가신 것이다. 할렐루야.

그러면 에녹도 마찬가지이다.

히 11:5
믿음으로 에녹은 죽음을 보지 않고 옮기웠으니 하나님이 저를 옮기심으로 다시 보이지 아니하니라
저는 옮기우기 전에 하나님을 기쁘시게 하는 자라 하는 증거를 받았느니라

하나님께서 에녹의 영을 취하여 가실 때에 그의 몸은 사라진 것이다. 즉 무로 변하여 버렸다.
왜냐하면 죽고 썩고 없어질 그 몸으로는 낙원에 갈수는 없기 때문이다.

어떤 이는 이렇게 말한다.
그 몸으로 갔다가 다시 두 증인 때에 내려온다고 즉 그들은 한번도 죽은 적이 없으므로 다시 죽으러
내려온다는 것이다.

아니다. 그 죽고 썩고 없어질 그 육체를 가지고서는 낙원에 들어갈 수 없다.
그런데 그 죽고 썩고 없어질 그 몸이 천국에 들어갔다가 나중에 죽으러 내려온다고?
정말 아니다.

그렇게 말하는 자들은 한번 죽는 것은 정한이치이기 때문에 그들은 죽지않고 천국에 들어갔으므로
반드시 죽으러 내려오는데 그 때가 두증인으로 내려와서 죽는다라고 말한다.

아니다.
죽고 썩고 없어질 몸으로 천국에 들어갈 수는 없다.

성경은 단지 그들이 이 세상에서 죽음을 맛보지 않았다라고만 표현하고 있을 뿐이다. 즉 옮기웠다라고 표현하고 있을 뿐이다.

그런데 오늘 주님께서 내게 천상에서 깨우치게 하여주신 것은 영은 하나님께서 취하여 가시고 그들의 몸은 공중에서 유에서 무로 없어졌다는 것이다. 이것이 가장 맞는 것이다.

죽지 않고 썩지 않는 부활의 몸은 예수님이 그 첫째로 그리하여 우리는 그것을 부활의 첫 열매라고 한다.

할렐루야.

성경이 그렇게 말씀하고 있으므로 그 어느 누구도 예수님 이전에 부활의 몸을 입을 수는 없다.

고전 15:20-26
(20) 그러나 이제 그리스도께서 죽은 자 가운데서 다시 살아 잠자는 자들의 첫 열매가 되셨도다 (21) 사망이 사람으로 말미암았으니 죽은 자의 부활도 사람으로 말미암는도다 (22) 아담 안에서 모든 사람이 죽은 것같이 그리스도 안에서 모든 사람이 삶을 얻으리라 (23) 그러나 각각 자기 차례대로 되리니 먼저는 첫 열매인 그리스도요 다음에는 그리스도 강림하실 때에 그에게 붙은 자요 (24) 그 후에는 나중이니 저가 모든 정사와 모든 권세와 능력을 멸하시고 나라를 아버지 하나님께 바칠 때라 (25) 저가 모든 원수를 그 발아래 둘때까지 불가불 왕 노릇 하시리니 (26) 맨 나중에 멸망 받을 원수는 사망이니라

고전 15:17-19
(17) 그리스도께서 다시 사신 것이 없으면 너희의 믿음도 헛되고 너희가 여전히 죄 가운데 있을 것이요 (18) 또한 그리스도 안에서 잠자는 자도 망하였으리니 (19) 만일 그리스도 안에서 우리의 바라는 것이 다만 이생뿐이면 모든 사람 가운데 우리가 더욱 불쌍한 자리라

그러므로 엘리야의 몸이 승천할 때에 결코 그 몸은 부활된 몸이 들어 갈리는 없는 것이다. 또한 지금 육체의 몸(흙에서 왔으니 흙으로 돌아가야 하는 몸)으로는 낙원에 들어갈 수 없다. 그러므로 그 몸은 공중에서 유에서 무가 순식간에 되어버린 것이 맞다. 할렐루야.
이렇게 알게 하여 주신 하나님을 찬양합니다.
엘리야의 살아서의 승천과 에녹의 죽지 않고 옮기워짐의 비밀을 알게 하여 주신 주님을 찬양합니다.

2018년 4월 25일 그날 하나님께서는 서사라 목사에게 천상 경험을 허락하시고 승천에 대한 깨달음을 주셨는데 그것은 신약성경의 말씀을 통하여 보여주셨다. 그날 받은 말씀은 히브리서 11:1-3절 말씀이다.

히브리서 11:1-3
믿음은 바라는 것들의 실상이요 보지 못하는 것들의 증거니 선진들이 이로써 증거를 얻었느니라

믿음으로 모든 세계가 하나님의 말씀으로 지어진 줄을 우리가 아나니 보이는 것은 나타난 것으로 말미암아 된 것이 아니니라

Ἔστιν δὲ πίστις ἐλπιζομένων ὑπόστασις, πραγμάτων ἔλεγχος ν ταύτῃ γὰρ ἐμαρτυρήθησαν οἱ πρεσβύτεροι. Πίστει νοοῦμεν κοαὐτ βηρλτείπσοθμαέιν ωτνο.ὺ ςὲ αἰῶνας ῥήματι θεοῦ, εἰς τὸ μὴ ἐκ φαινομένων τὸ βλεπόμενον γεγονέναι.

에녹을 도입하는 구절은 믿음의 주제와 연결되어 있다.[11] '선진들'이 언급되는 구절에서 과거 구약성경에 언급되는 특정 인물들이 행한 일들이 믿음과 깊은 관계가 있다는 사실을 환기하고 있다. 그러나 이 믿음은 그리스도 예수와 연결된다. 여기서 하나의 질문이 일어난다. 히브리서 기자가 언급하는 구절에서 예수와 에녹이 함께 언급되는 이유가 무엇인가. 이는 우선 지극히 상식적이기는 하지만 예수가 에녹에게 연결되는 흔적을 쉽게 찾아 볼 수 있다.

창세기를 보면 하나님께서는 말씀으로 이 세상을 창조하셨다. 그리고 세상에서 일어난 모든 일들 역시 말씀을 통하여 이루어진다. 특히 예수님의 성육신도 물리적으로 일어나기는 했지만 근본적으로 말씀의 성취라는 측면에서 이해된다. 누가복음 1장 34-37절을 보면 어렵지 않게 이해할 수 있다.

눅 1:34-37
마리아가 천사에게 말하되 나는 사내를 알지 못하니 어찌 이 일이 있으리이까 천사가 대답하여 가로되 성령이 네게 임하시고 지극히 높으신 이의 능력이 너를 덮으시리니 이러므로 나실 바 거룩한 자는 하나님의 아들이라 일컬으리라 보라 네 친족 엘리사벳도 늙어서 아들을 배었느니라 본래 수태하지 못한다 하던 이가 이미 여섯 달이 되었나니 대저 하나님의 모든 말씀은 능치 못하심이 없느니라

그리스도의 성육신과 가시적인 현시는 세상에서 일어나는 일반적인 현상과 별다르지 않다. 그러나 37절 말씀은 세상에서 일어나는 일들과 근본적으로 다르다. 그리스도의 성육신은 세상에서 일어나는 일들로써 자연적인 현상으로 보이나 그렇다고 자연발생적인 것은 아니다. 특히 예수의 성육신은 특별한 하나님의 계획이 있으며, 그 계획에 따라서 일어났다.[12] 이를 누가 기자는 '대저 하나님의 말씀은 능치 못함이 없느니라'는 말씀으로 끝을 맺는다. 이 말씀을 역으로 생각하면 하나님께서 말씀으로 세상을 창조하시지만 말씀으로 세상을 없게 할 수도 있다. 또한 하나님께서는 말씀으로 이 세상을 통치하고 계신다. 이러한 개념 역시도 신약성경에서 쉽게 찾아볼 수 있다. 히브리서 1장 3절이다.

히브리서 1:3
이는 하나님의 영광의 광채시요 그 본체의 형상이시라 그의 능력의 말씀으로 만물을 붙드시며 죄를 정결케 하는 일을 하시고 높은 곳에 계신 위엄의 우편에 앉으셨느니라

---

11) 히브리서에서 믿음의 용례는 빈번하게 나타나는데 다음과 같다. 4:2, 6:1, 12, 10:22, 38, 39, 11:1, 3, 4, 5, 6, 7(2), 8, 9, 11, 13, 17, 20, 21, 22, 23, 24, 27, 28, 29, 30, 31, 33, 39, 12:2, 13:7. 여기에는 조상들에 대한 내러티브를 11:32를 근거로 크게 두 덩어리로 나누면 그 전반부는 아벨부터 라합까지의 이야기를 포함한다. 그리고 총 12명의 구약 인물이 등장한다: 아벨(4), 에녹(5-6), 노아(7), 아브라함(8-10, 17-19), 사라(11), 이삭(20), 야곱(21),

12) Cf. Marie E. Issacs, Sacred Space: An Approach to the Theology of the Epistle to the Hebrews, 205-219(4.3 Heaven as the Eschatological Goal of the People of God); J. Swetnam, "The Greater and More Perfect Tent: A Contribution to the Discussion of Hebrews 9,11" Biblica 47 (1966), 91-106.

이는 가끔 성경의 인물들에게도 적용된다. 바로 엘리야의 경우다. 하나님께서는 엘리야를 회리바람으로 취하여 가셨다. 서사라 목사의 승천에 대한 깨달음은 하나님께서 그의 영혼을 낙원으로 데리고 가시고 그 후, 죽고 썩어 없어질 몸은 그냥 없어지게 하셨다는 것이다. 즉 존재하였던 육체가 존재하지 않는 육체로 변화되어 무가 되어버렸다. 그리고 이 같은 경우가 에녹에게도 적용되었다.

히브리서 11:5
믿음으로 에녹은 죽음을 보지 않고 옮기웠으니 하나님이 저를 옮기심으로 다시 보이지 아니하니라 저는 옮기우기 전에 하나님을 기쁘시게 하는 자라 하는 증거를 받았느니라

Πίστει Ἐνὼχ μετετέθη τοῦ μὴ ἰδεῖν θάνατον, καὶ οὐχ ηὑρίσκετο διότι θεός, πρὸ γὰρ τῆς μεταθέσεως μεμαρτύρηται εὐαρεστηκέναι τῷ θμεετῶέ·θηκεν αὐτὸν ὁ

즉 서사라 목사의 천상에서의 깨달음에 의하면 하나님께서 에녹의 영을 취하여 가실 때에 그의 몸은 사라진 것이다. 즉 하나님의 말씀 한마디에 의하여 유에서 무로 변하여 버렸다. 왜냐하면 하나님께서는 말씀으로 이 세상을 창조하실 때에 무에서 유로 창조하셨고 또한 말씀으로 이 세상 만물을 유지하고 계시고 하나님의 말씀으로 이세상이 또한 없어질 것이기 때문이라는 것이다.

그리하여 에녹과 엘리야의 몸이 죽고 썩고 없어질 그 육체를 가지고서는 낙원에 들어갈 수 없으므로 하나님 말씀 한마디에 그들의 죽고 썩고 없어질 육체가 공중에서 유에서 무로 없어졌고 그들의 영을 하나님께서 취하여 가셨다는 서사라 목사의 천상에서의 깨달음의 결론은 성경과 배치되지 않는다. 왜냐하면 성경은 죽지 않고 썩지 않는 부활의 몸으로 가장 먼저 변하신 분이 예수님으로 그분이 부활의 첫 열매이기 때문이다.[13)]

고전 15:20-26
그러나 이제 그리스도께서 죽은 자 가운데서 다시 살아 잠자는 자들의 첫 열매가 되셨도다 사망이 사람으로 말미암았으니 죽은 자의 부활도 사람으로 말미암는도다 아담 안에서 모든 사람이 죽은 것같이 그리스도 안에서 모든 사람이 삶을 얻으리라 그러나 각각 자기 차례대로 되리니 먼저는 첫 열매인 그리스도요 다음에는 그리스도 강림하실 때에 그에게 붙은 자요 그 후에는 나중이니 저가 모든 정사와 모든 권세와 능력을 멸하시고 나라를 아버지 하나님께 바칠 때라 저가 모든 원수를 그 발아래 둘 때까지 불가불 왕 노릇 하시리니 맨 나중에 멸망 받을 원수는 사망이니라

(2) 에녹의 승천의 의미와 서사라 목사의 깨달음
서사라 목사는 천상에서의 에녹의 승천에 대한 깨달음을 앞장에서 상술하였다. 우선 서사라 목사는 자신의 천상 경험을 성경 즉 하나님의 말씀 안에서 의미를 찾는 노력이 돋보인다. 에녹의 승천 경험을 히브리서 11:1-3절을 도입하는 데서 그 노력을 엿볼 수 있다. 그 말씀의 요지는 이 세상 만물이 모두 하나님의 말씀으로 창조되었다는 사실이다. 심지어 예수님의 성육신조차도 하나님의 말씀으로 인한 성취로서

---

13) 히브리서에서 기술하고 있는 예수 그리스도와 관련된 논의에 대해서는 Mccruden이 상세하게 잘 설명하였다: Kevin B. Mccruden, The Perfection of Divine Intimacy: A Christology of Divine Philanthropia in Relation to the Concept of Christ's Perfection in the Epistle to the Hebrews, UMI (Loyola Unv. Chicago, 2002), 37-93; Cf. Noah C. Croy, Endurance in Suffering: A Study of Hebrews 12:1-13 in its Rhetorical, Religious, and Philosophical Context, UMI (Emory University, 1995), 236f.

이해된다. 이는 흔히 알려진대로 하나님의 주권에 모든 의미를 부여하는 칼빈주의적 해석에도 잘 부합한다. 서사라 목사는 기본적으로 확고한 성경적 이해의 토대 위에서 개혁주의적 해석을 내리고 있다. 다음으로 서사라 목사는 히브리서 11장 5절을 언급하면서 에녹이 하늘로 옮기는 과정에 대하여 논하였다. 히브리서 기자에 의하면 에녹은 하나님이 에녹을 옮기자 에녹이 다시 보이지 않았다는 사실에 대하여 승천 경험을 통하여 설명을 시도하였다. 여기서 문제는 승천을 통하여 인간이 몸이 어떤 형태로 변화되는지에 관한 것이다. 서사라 목사는 승천 시에 세상에서 얻은 인간의 몸은 어떤 형태로든 의미가 없다고 주장한다. 그 근거로 고린도전서 15장을 논의함으로써 답을 찾고 있다. 고린도전서 15장에서 논의되는 인간의 부활체에 관한 논의는 학계에서 여전히 뜨겁게 논쟁 중에 있다. 그래서 부활체에 대한 학자들의 결론은 아직 뚜렷하게 찾을 수 없다. 고린도전서는 초대교회 내에서 어떤 문제가 있었는지 신앙생활과 신학적인 문제들을 알 수 있게 하는 서신이다. 즉 교회 내의 파벌 싸움으로부터 각종 윤리, 도덕의 문제, 그리고 신학적인 주제를 둘러싼 성도들 사이의 첨예한 논쟁에 이르기까지 교회의 다양한 상황이 묘사되어 있다. 그러므로 그 구조를 간단하게 살펴보면 문제가 잘 드러난다. 바울은 우선 고린도교회가 무슨 문제를 안고 있는지 구체적인 문제들을 나열한다. 바울은 가장 먼저 교회 내에서 다투고 있는 네 개의 파벌들을 구체적으로 열거한다.(1:10-17) 그 후, 그 문제에 대한 해결책으로 "십자가의 도(말씀)"을 제시한다(1:18이하). 그리고 마지막으로 고린도전서 15장에서 바울은 부활에 관한 논쟁을 다룬다. 구조적으로 볼 때 고린도전서 15장은 부활체 논의와는 거리가 먼 것을 알 수 있다. 세상에서 일어나는 모든 문제는 부활에 소망을 두고 살아갈 때 근본적인 의미가 있다는 논지다. 부활체가 구체적으로 무엇을 의미하는지 명확한 답을 찾기가 어려운 이유다. 고린도전서 15장을 기록할 때 바울의 출발점은 12절에 나오는 "죽은 자의 부활은 없다" (νάστασις νεκρῶν οὐκ ἔστιν)는 말이다. 이는 바울이 한 말이 아니고, 고린도교회의 일부 성도들이[14] 그런 주장을 하고 있다고 하면서 바울이 인용하는 말이다.[15] 아마도 고린도교회의 일부 성도들은 그리스도의 부활에 대해서는 의심의 여지가 없었지만 그리스도의 재림 때 일어날 성도들의 종말론적 미래의 부활, 그것도 몸으로의 부활을 부정한 것으로 보인다. 이것은 부활체에 대한 논쟁이라기보다는 부활 그 자체에 대한 논쟁으로써 서사라 목사의 부활체에 대한 논의와는 차이가 있다. 바울은 고린도에서 1년 6개월이나 체재하면서 고린도 성도들에게 죽은 자의 부활을 가르쳤다. 그럼에도 불구하고 바울이 고린도를 떠나 에베소에 머무는 동안에 성도들의 일부가 주님의 재림 때에 일어날 성도들의 부활을 부정한 것이다. 이들은 이미 일어난 그리스도의 부활은 믿었으면서도 죽은 그리스도인들의 부활은 믿지 않았다. 바울은 부활을 히브리-유대적인 차원에서 종말론적인 새 창조의 사건으로 가르쳤는데, 헬라-로마적인 사고에 젖은 이들은 바울이 가르친 몸의 부활을 죽은 사람들이 이 세상의 삶으로 되돌아오는 현실적인 것으로 이해를 했고, 그래서 그것을 믿지 않았다는 것이다. 한 번 죽은 사람은 다시는 이 세상의 몸으로 되살아

---

14) G. Sellin, Der Streit um die Auferstehung der Toten, FRLANT 138, Göttingen: Vandenhoeck & Ruprecht 1986, 17-37; J. N. Vorster, "Resurrection faith in 1Corinthians 15", Neotestamentica 23(1989), 287-307(특히 289-291); J. Holleman, Resurrection and Parousia, 35-40; D. Zeller, Der erste Brief an die Korinther, Göttingen: Vandenhoeck & Ruprecht 2010, 455-456 참조.

15) 바울이 고린도교회에 이같은 문제가 있다는 소식을 어떤 경로를 통하여 들었는지 알기가 어렵다. 일반적으로 받아들여지는 것은 고린도교회가 인편 혹은 서신으로 교회 소식을 에베소에 머물고 있는 바울에게 전해준 것으로 보인다(고전 1:11; 5:1; 11:18 참조). 이 경우에는 "관하여" 혹은 "대하여"(περί)라는 표현을 통하여 고린도 교회가 문의한 것들이라는 것을 나타낸다 (7:25; 8:1; 12:1; 16:1; 16:12). 사도는 "너희가 쓴 문제에 대하여"라는 말로 대답하기도 한다(7:1). 그런데 15장에는 περί 전치사도 사용되지 않았고, 이러한 소식의 주고받음에 관한 언급이 전혀 없다. 그래서 고린도교회가 인편으로 이 소식을 전했거나 소문을 통해서 바울이 들었을 것이라고 추정하는 것도 무리가 아니다. C.K. Barrett, The First Epistle to the Corinthians, BNTC, London 1971(2판), 335; H. Conzelmann, Der erste Brief an die Korinther, KEK 5, Göttingen: Vandenhoeck & Ruprecht 1981(12판), 302; W. Schrage, Der erste Brief an die Korinther(1Kor 15,1-16,24), EKK VII/4, Düsseldorf: Ben-zinger Verlag 2001, 26 각주 60.

날 수 없다는 것이 그 당시 헬라-로마 세계의 일반적인 견해였다.[16] 그러나 이 같은 생각은 유대인들에게도 낯선 것은 아니다.[17] 고린도교회에도 유사한 생각을 가진 사람들이 분명 존재했다. 그들은 바울이 가르친 죽은 자들의 부활을 믿지 못했을 것이다. 그러나 이들은 부활 그 자체를 부정한 것은 아니다.[18] 다만 그들은 예수 그리스도의 부활을 하나님의 아들 예수에게만 적용된 특별한 사건으로 여겼다. 문제는 예수와 자신들을 분리해서 이해하였다. 즉 예수를 따르는 자들과는 별개의 사건으로 부활을 받아들였다.[19] 여기서 서사라 목사의 견해를 되짚을 수 있다. 승천 시에 죄로 부패한 인간의 육 혹은 몸은 부활체와는 다르다는 주장은 성경적 지지를 얻을 수 있다. 다만 부활체에 관한 문제는 학계에서 여전히 결론을 맺지 못하는 어려움이 있다.

2. 엘리야의 승천

엘리야는 우리가 가장 잘 알고 위대하다고 생각하는 선지자 중의 한 명이다. 엘리야는 어느날 갑자기 등장한다. 제사장과는 다르게 선지자는 하나님의 필요에 의하여 선택을 받기 때문에 이는 아주 놀라운 일은 아니다. 엘리야에 대한 소개도 다소간 특이하다 그는 어느 지파에 속하는지 그의 지파도 가문도 소개되지 않고 단지 요단 동편 지역인 '길르앗에 우거하는 디셉 사람'[20]으로 소개되어19 '여호와는 나의 하나님'이라는 뜻을 가진 "엘리야(엘리야후)"라는 이름만이 그의 정체성을 표현하고 있다. 이렇게 알려지지 않은 인물인 엘리야는 어느 날 갑작스럽게 등장하여 아합왕에게 대적하며 놀라운 이적을 보였지만 그의 능력과 명성과는 달리 많은 좌절을 하였고 평생 외로운 삶을 살았다.[21] 이 같은 이유로 그는 하늘로 승천한 인물로 알려졌으며, 그 관계를 알아보고자 한다.

1) 엘리야

엘리야(영어: Elijah, 히브리어 אֵלִיָּהוּ)는 기원전 9세기경 분열 왕국 시대에 북왕국 이스라엘에서 활동했던 하나님의 선지자다.[22] '엘리야'라는 이름을 풀이하자면 '엘리'는 '나의 하나님', '야'는 '여호와'를 각각 가리킨다. 따라서 이름을 해석하면 '나의 하나님은 여호와시다'라는 뜻이 된다. 성경의 기록에 따르면 그는 북왕국 이스라엘의 왕이었던 아합(Ahab, B.C. 871~852 재위)이 통치하던 시기에 주로 활동했으며, 생의 마지막에는 회오리바람을 타고 승천했다.

구약성경(열상 17-19장, 21장; 열하 1-2장)은 엘리야를 제자인 엘리사에 비해 보다 적은 양의 정보를

---

16) J. Holleman, Resurrection and Parousia, 35-40에 있는 다양한 견해에 대하여 참조. Hollmann은 인간을 영혼과 몸으로 나누는 "이원론적인 인간이해"를 가진 사람들의 존재를 알려준다.

17) 물론 유대인 중에서 유사한 생각들이 있었는데 대표적으로 사두개인이었으며 그들은 부활을 인정하지 않았다. 막 12:18(병행); 행 4:2; 23:6-8; 24:21 참조. 그러나 딤후 2:18에서 부활은 이미 지나갔다고 주장하는 후메내오와 빌레도 같은 인물들이 관찰됨으로 그리스도인들 가운데 일부 있었다.

18) 이들이 부활 그 자체를 몰랐을 가능성을 가정하는 학자들도 있다. A. Strobel, Der erste Brief an die Korinther(ZBK. NT6.1), Zürich 1989, 241-243; J. S. Vos, "Argumentation und Situationim 1Kor.15", NT 41(1999), 313-333.

19) W. Schrage, Der erste Brief an die Korinther VII/4, 14는 15:1-11을 죽은 자의 부활 논쟁에서 가장 중심에 있다고 주장한다.

20) 전통적으로 디셉은 요단강 얍복 강의 북쪽에 있는 마을이나 지역으로 여긴다. Beal, 1&2 Kings, 231. 하지만 구약에 단 한 번 언급되었기 때문에 정확한 위치는 알 수 없다. Long, 1 & 2 Kings, 182. 하지만 디셉사람으로 번역된 히브리어 '티쉬베'에서 타브 밑의 모음을 'i' 대신 'o'로 바꾸어 '거주자'란 의미로 해석하기도 한다. 즉, 장소의 이름이 아니라 갈릴리의 '거주자'라고 본 것이다. De Vries, 『열왕기상』, 472

21) Rice, "Elijah's Requirement for Prophetic Leadership(2 Kings 2:1-18)", 3.

22) 엘리야와 관련된 최근 국내학자들의 논문들은 아래와 같다. 배희숙, "고대 이스라엘 종교의 '주술' 유형과 그 기능: 엘리야와 엘리사의 '기적사화'를 중심으로", 『구약논단』 21(1) (2015), 60-92; 한동구, "엘리야의 호렙산 계시(왕상 19장)의 형성사", 『구약논단』 20(3) (2014), 174-197; 오택현, "신명기 역사에 나타난 엘리야", 『신학과 목회』 33 (2010), 115-137; 임상국, "초기 예언문학의 성립:'엘리야전'을 중심하여", 『한국기독교신학논총』 18(1) (2000), 5-31; 서덕재, "열왕기상 19장 11-12절에 나타난 현현 연구", 『장신논단』 52(3) (2020), 9-32; 강은희, "불멸의 엘리야:그 과정", 『카톨릭신학』 24 (2014), 147-182; 엄원식, "히브리 예언운동에서의 치유활동: 엘리사의 치유행적을 중심으로", 『복음과 실천』 34 (2004), 7-33. 정도로 10편 내외이다. 그리고 단행본으로는 김정우, 『너는 어찌 여기 있느냐』 (서울: 생명의 말씀사, 2009)가 있다.

할애하여 소개하고 있다. 이는 상대적으로 엘리야에 대한 활동이나 사건들에 대한 정보가 소량이라는 것을 의미한다. 특히 엘리야가 어떻게 사역을 시작하였는지 선지자로서 소명을 받은 연유 혹은 동기, 삶 등 많은 부분이 알려져 있지 않다. 역대기(21:12)에서는 그의 활동을 찾아보기가 거의 어렵다. 겨우 엘리야가 왕에게 한 통의 편지를 보낸 정도만 알 수 있을 뿐이다. 그러나 선지자의 전승(말 3:23)이나 외경의 지혜 전승(집회 48:1-11)은 엘리야가 이스라엘 백성의 영성에 큰 영향을 끼친 인물로 묘사하고 있다.[23] 엘리야는 '디셉 사람'이라고 불렸는데 그 의미는 분명하지 않다. 칠십인역에서는 요르단강 건너편 북쪽에 있는 한 지역, '길르앗의 디셉'(열상 17:1)을 가리키는 것으로 여겼다. 그러나 히브리어 구약성서인 마소라 본문은 엘리야를 '길르앗의 거류민'이라고 하며 '디셉'라는 곳은 찾아볼 수가 없다. 그러므로 엘리야에 관한 역사적인 윤곽은 대체로 숨겨져 있다. 하지만 엘리야 이야기들의 구조와 세부 묘사들은 예언 말씀, 엘리야의 소명, 그리고 모세의 전승과 연결되고 예언 계승에 대하여 잘 발전된 신학적 사고를 밝히고 있다. 엘리야의 역할은 이스라엘의 예언 전승 안에서 흥미를 끄는 특성으로 묘사되었다. 즉 엘리야는 여호와 신앙 수호의 영웅으로, 진실한 하나님의 말씀을 말하는 예언자이며 왕들의 압박에 저항하며 살아 있는 신앙을 수호한 선지자라는 것이다.

구약 후기 중간 시기 문헌과 랍비 전승에서는 엘리야가 이 세상에서 신비하게 사라진 것에 대해 미래의 하나님 승리의 날에 유일한 역할을 할 것이라고 이해하였다. 말라기 3장 23-24절에서는 그가 주님의 날의 선구자라고 예언하였다. 그는 평화를 가져올 것이며 랍비들의 율법 논쟁을 해결할 것이다. 그리스도교에서는 엘리야가 메시아 전승과 연결되었기 때문에 메시아의 선구자로 여긴다. 이러한 점이 후기 유대 전승에서 약화되었다 할지라도 널리 퍼진 이 특징의 대부분은 열왕기(열상 17장) 이야기들의 영향이다. 그가 가난한 사람들을 돌보기 위하여 사회악과 싸우며 불의한 이를 징벌한 것이라고 여겨지지만, 전설의 인물로 남아있다. 그는 중세 민속학에서는 방랑하는 유다인으로 여겨졌고, 유월절 식탁에는 그를 위한 자리가 '엘리야의 잔'과 함께 항상 마련되었다. 그는 새로운 탄생의 보호자로 여겨졌으며 '엘리야 의자'는 할례식에 고정되어 있다. 엘리야는 이슬람교 전승에도 강하게 남아있다. 코란에 엘리야는 '정의로운 사람들' 명단에 들어가 있으며, 바알 숭배를 철저하게 적대시하는 임무를 지닌 사람으로 되어 있다. 신약성경은 여러 문맥에서 엘리야를 언급하고 있다. 복음서들은 전승에서 착상하여 "먼저 엘리야가 와야만 한다"고 말한다(막 9:11; 말 3:23-24 참조). 또한 엘리야가 불행한 이들을 위하여 호의적으로 개입할 것(말 15:35-36 참조)을 기다리는 민간 신앙에 대하여 언급하고 있다. 누가에 의하면, 예수를 새로운 엘리야라고 하였다. 예수는 엘리야를 언급하며 자신의 고유 임무를 규정하였다(눅 4:25-26). 요한복음서에서는 세례자 요한을 새로운 엘리야로 보았다(요 1:21, 25). 이 전승은 다른 복음서에서도 나타난다. 엘리야처럼 세례자 요한은 모든 것을 새로이 세우고 또 엘리야처럼 정치지도자들가와 충돌하였다. 마지막으로 야고보는 엘리야의 기도가 열렬하여 응답을 받은 그리스도인 기도의 모범으로 제시하고 있다(약 5:17-18). 그러나 신약성경에서 무엇보다도 엘리야의 특징적인 모습은 메시아의 선구자로 여겨지는 것이다. 대중의 의견은 예수를 이 모습과 동일시하고, 반면에 예수는 세례자 요한과 동일시한다. 엘리야는 예수의 거룩한 변모 때 모세와 함께 예수의 곁에 있었다. 만일에 모세가 율법을 떠오르게 한다면 엘리야는 예언자를 떠오르게 한다(마 5:17). 그리고 예수는 그것을 완성하러 왔다.

2) 엘리야의 승천과 동기

여기서는 엘리야와 직접적으로 관련된 구절들을 살펴보면서 승천의 의미를 살펴보고자 한다. 엘리야의

---

23) K. W. Weyde, Prophecy and Teaching: Prophetic Authority, Form Problems, and the Use of Tradi-tions in the Book of Malachi, BZAW 288 (Berlin / New York: Walter de Gruyter, 2000), 392-93.

승천을 알려주는 본문은 열왕기하 2장 1-12절이다.[24] 승천의 의미를 이해하기 위해서는 다소 길지만 본문을 다시 한 번 더 숙고하는 것이 필요하다.

열왕기하 2:1-12

여호와께서 회오리 바람으로 엘리야를 하늘로 올리고자 하실 때에 엘리야가 엘리사와 더불어 길갈에서 나가더니 엘리야가 엘리사에게 이르되 청하건대 너는 여기 머물라 여호와께서 나를 벧엘로 보내시느니라 하니 엘리사가 이르되 여호와께서 살아 계심과 당신의 영혼이 살아 있음을 두고 맹세하노니 내가 당신을 떠나지 아니하겠나이다 하는지라 이에 두 사람이 벧엘로 내려가니 벧엘에 있는 선지자의 제자들이 엘리사에게로 나아와 그에게 이르되 여호와께서 오늘 당신의 선생을 당신의 머리 위로 데려가실 줄을 아시나이까 하니 이르되 나도 또한 아노니 너희는 잠잠하라 하니라 엘리야가 그에게 이르되 엘리사야 청하건대 너는 여기 머물라 여호와께서 나를 여리고로 보내시느니라 엘리사가 이르되 여호와께서 살아 계심과 당신의 영혼이 살아 있음을 두고 맹세하노니 내가 당신을 떠나지 아니하겠나이다 하니라 그들이 여리고에 이르매 여리고에 있는 선지자의 제자들이 엘리사에게 나아와 이르되 여호와께서 오늘 당신의 선생을 당신의 머리 위로 데려가실 줄을 아시나이까 하니 이르되 나도 아노니 너희는 잠잠하라 엘리야가 또 엘리사에게 이르되 청하건대 너는 여기 머물라 여호와께서 나를 요단으로 보내시느니라 하니 그가 이르되 여호와께서 살아 계심과 당신의 영혼이 살아 있음을 두고 맹세하노니 내가 당신을 떠나지 아니하겠나이다 하는지라 이에 두 사람이 가니라 선지자의 제자 오십 명이 가서 멀리 서서 바라보매 그 두 사람이 요단 가에 서 있더니 엘리야가 겉옷을 가지고 말아 물을 치매 물이 이리 저리 갈라지고 두 사람이 마른 땅 위로 건너더라 건너매 엘리야가 엘리사에게 이르되 나를 네게서 데려감을 당하기 전에 내가 네게 어떻게 할지를 구하라 엘리사가 이르되 당신의 성령이 하시는 역사가 갑절이나 내게 있게 하소서 하는지라 이르되 네가 어려운 일을 구하는도다 그러나 나를 네게서 데려가시는 것을 네가 보면 그 일이 네게 이루어지려니와 그렇지 아니하면 이루어지지 아니하리라 하고 두 사람이 길을 가며 말하더니 불수레와 불말들이 두 사람을 갈라놓고 엘리야가 회오리 바람으로 하늘로 올라가더라 엘리사가 보고 소리 지르되 내 아버지여 내 아버지여 이스라엘의 병거와 그 마병이여 하더니 다시 보이지 아니하는지라 이에 엘리사가 자기의 옷을 잡아 둘로 찢고...

먼저 1절을 보면, "여호와께서 회리바람으로 엘리야를 하늘에 올리고자 하실 때"가 되었다고 기자가 그 상황을 설명한다. 승천과 관련하여 눈길을 끄는 단어는 "하늘로 올리다"이다. 의심의 여지 없이 바로 승천을 암시하는 용어다. "올리다"는 단어는 본 장에서 여러 번 반복되고 있다. 이 역시도 승천보다는 엘리야의 사역에 하나님의 특별한 인상의 결과로 나타난 것이다. 선지학도들은 엘리사에게, "여호와께서 오늘날 당신의 선생을 당신의 머리 위로 취하실 줄을 아나이까"를 두 번이나 묻는다(3절, 5절). 여기에서 "취하다"는 "올리다"와 같은 의미를 지닌 동의어다. 같은 단어가 2장 11절에서는 "승천하더라"로 번역된다. 엘리야는 이제 지상에서의 모든 공적인 사역을 마쳤다. 그러나 문제는 하나님의 평가가 남아있다. 에녹 역시 열심히 하나님의 사역을 감당하였지만 하나님의 평가가 중요하였다. 성경 기자는 에녹의 사역을 하나님과 동행하였다는 간명한 평가를 남겼다. 그 이유로 엘리야의 사역, 유사한 수준에서 비교되어야 한다. 요약적으로 그의 사역을 살펴보면 하나님께 인상적인 장면들이 충분히 있다. 아합과 이세벨의 결혼으로

---

24) K. W. Weyde, Prophecy and Teaching: Prophetic Authority, Form Problems, and the Use of Tradi-tions in the Book of Malachi, BZAW 288 (Berlin / New York: Walter de Gruyter, 2000), 392-93를 따르면, 대부분의 학자들은 열왕기에 나타난 엘리야와 말라기에 나타난 엘리야를 동일 인물로 여기지만, 말 3:1-3에 나타나는 여호와의 사자와 엘리야가 동일 인물인지는 여전히 논의 중에 있다.

이스라엘의 정체성을 근본적으로 흔들었던 바알의 우상숭배를 잔멸시켰다. 그는 "나봇의 포도원을 불법적으로 빼앗은 아합에게 하나님의 분노와 나라의 멸망을 알렸다." 만약 엘리야의 선포가 침묵했다면, 여호와 종교는 북왕국에서 사라졌을 것이다. 에녹과 같이 하나님과 동행하였던 삶 이상이라고 할 수 있다. 그에게는 어떤 일이 일어날까. 하나님이 택한 결과는 놀랍다. 하나님께서는 엘리야의 사역에 반응하면서 불말과 불수레를 보냈다. 그리고 그를 하늘로 올리고자 결정하였다. 그 이유는 단순하다. 엘리야는 마지막까지 주님의 명령에 순종하였다. 2절을 보면 그 이유는 조금 더 명확해진다. "청컨대 너는 여기 머물라 여호와께서 나를 벧엘로 보내시느니라." 이와 동일한 말씀이 4절에서는 "여리고로 보내시느니라", 6절에서는 "요단으로 보내시느니라"로 나타난다. 엘리야는 한평생 주님의 말씀에 철저히 순종하는 삶을 살았다. 엘리야는 주님께서 "그릿"으로 가라 하시면 그릿으로, "사르밧"으로 가라 하시면 사르밧으로 갔다. "아합"에게 가라 하시면 아합에게로 "아하시야"에게 가라 하시면 아하시야에게 갔다(왕하 1:15). 엘리야는 거의 문자적으로 주님의 모든 명령에 순종한다. 엘리야는 "발람의 어그러진 길"로 가는 선지자가 아니었다. 그는 세상에 사는 동안 하나님의 뜻을 잊어버리지 않았다. 이는 에녹을 데려갔던 것과 유사한 방식으로 엘리야를 하늘로 데려갔다. 엘리야가 하나님의 말씀에 순종하는 삶이나 에녹이 하나님과 동행하였던 삶이나 본질적으로 다르지 않다. 결국 신약성경의 용어로는 믿음의 행동이자 삶이었다. 이는 엘리사에게도 매우 중요한 가르침이 된다. 엘리야는 엘리사에게 "무엇을 원하느냐?"고 묻는다. 엘리사는 큰 것을 구하고 있다. "엘리사가 가로되 당신의 영감이 갑절이나 내게 있기를 구하나이다"(9절). 엘리사는 장자의 유산을 구하고 있다(신 11:27). 엘리사는 자신의 영감이 엘리야의 "두 배"가 되기를 구하고 있지는 않다. 그는 "두 몫"을 구한다. 그는 그의 영적인 "아버지" 엘리야의 예언적 직분을 장자로서 계승하길 구하고 있다(12절). 엘리야가 볼 때, 엘리사의 청원은 참으로 "어려운 일"이었다(10절 상). "그러나 나를 네게서 취하시는 것을 네가 보면 그 일이 네게 이루려니와 그렇지 않으면 이루지 아니하리라"고 대답한다. 여기에는 시험 모티프가 나타난다. 엘리사가 엘리야의 승천을 "보면" 그의 간청은 이루어지고, "보지 못하면" 이루어지지 않는다. "엘리사가 정말 엘리야의 후계자가 될 것인가?"하는 문제는 그가 엘리야의 승천을 "볼 것인가, 못 볼 것인가?"에 달려 있었다. 여기서도 승천의 주제가 도입되는데, 승천은 그 자체로는 큰 의미를 지니지 못한다. 다만 승천은 엘리야 자신에게는 물론이고 엘리사에게도 하나님의 뜻을 나타내거나 하나님의 뜻에 순종한 삶의 결과로 기인한다. 따라서 승천은 두 사람 모두에게 의미가 있으며, 그 결과, 갑자기 폭풍이 휘몰아치며, 두 사람은 떨어질 수 밖에 없었다. 그리고 기자는 다음과 같이 적고 있다.

"홀연히 불수레와 불말들이 두 사람을 격하고 엘리야가 회리바람을 타고 승천하더라."

엘리사가 회오리바람과 불말과 불수레를 보았을 때, 그것이 상징하는 바는 분명하다(왕하 2:10-11). 그것은 하나님의 나타나심 즉 신현의 불길이었다.

말라기 4:4-6[25]
너희는 내가 호렙에서 온 이스라엘을 위하여 내 종 모세에게 명령한 법 곧 율례와 법도를 기억하라 보라 여호와의 크고 두려운 날이 이르기 전에 내가 선지자 엘리야를 너희에게 보내리니 그가 아버지의 마음을 자녀에게로 돌이키게 하고 자녀들의 마음을 그들의 아버지에게로 돌이키게 하리라 돌이키지 아니하면 두렵건대 내가 와서 저주로 그 땅을 칠까 하노라 하시니라.

25) E. Würthwein, "Elijah at Horeb: Reflections on 1 Kings 19:9-18," in Proclamation and Presence (Virginia: John Knox Press, 1970), 162-163.

엘리야가 승천 후 다시 언급되는 사실이 놀랍다. 특히 엘리야가 승천 후에 미래의 어느 시점에 나타나 어떤 사역을 감당할 것이라는 예언이 나타난다. 실제로 미래에 어떤 시점에 나타나 결정적인 역할을 감당할 사람을 지정하고, 그 사람이 미래에 다시 나타나 메시야의 역할을 감당하는 경우는 엘리야의 경우를 제외하고는 거의 없는 일이다.[26] 한 예로 다윗 언약에 의해 다윗의 자손이 다시 나타나 이스라엘을 회복할 것이라는 희망으로 사용되고 있는 경우가 종종 있다.(호 3:5; 렘 30:9; 겔 34:23-24; 37:24) 이 경우는 다윗의 후손 중 누군가가 그 정통성을 이어서 큰 일을 할 것이라는 기대감을 나타낸 것이다. 그러나 다윗 자신이 다시 나타나 어떤 일을 하는 것과는 아무 관련이 없다. 하지만 엘리야의 경우, 말라기에서는 승천한 엘리야가 미래에 다시 나타나는 것으로 말하고 있다. 왜냐하면 엘리야의 경우 죽음을 보지 않고 하늘로 올라갔기 때문에 그 누구보다 강한 이미지를 남겼기 때문이다.[27] 실제로 엘리야는 외경과 위경에서도 등장하는 경우가 많고[28] 특히 말라기가 엘리야에 대하여 언급한 이래로 엘리야는 언젠가 올 사람으로 후기 유대교 전승에서도 비교적 빈번하게 나타난다.[29] 이 같은 전통은 신약시대까지 이어진다. 가장 이른 전승을 보여주는 마가복음서를 보면, 그리스도보다 먼저 와서 그의 길을 예비해주는 사람이 엘리야다. 그가 이미 왔고 그가 바로 세례요한이다(마 11:10, 14; 17:10-13). 이것은 구약성경 말라기 3장 1절에서의 전승을 반영하며 이 같은 확신이 명확하게 말라기에 기록되어 있다.

말라기 3:1
만군의 여호와가 이르노라 보라 내가 내 사자를 보내리니 그가 내 앞에서 길을 준비할 것이요

말라기 3장 1절은 말라기의 구절(말 2:17-3:5) 안에 있는 일부분으로 하나님의 공의에 대한 논쟁 부분이다. 원래 선지자의 예언 전승으로 알려져 있는 말라기 3장 1절은 비록 짧은 구절이지만 그 안에는 여러 고대 전승들이 함께 혼용되어 나타나고 있다. 첫 번째는 출애굽기 23장 20절로 "내가 사자를 네 앞서 보내어 길에서 너를 보호하여 너를 내가 예비한 곳에 이르게 하리니"이다.[30] 여기서 여호와께서 사자를 이스라엘 보다 앞서 그들을 돕기 위해 보내실 것이라는 사고가 나타난다. 즉 여호와께서 다시 오시기 전, 그의 사자를 먼저 보내겠다는 말씀[31]을 구약 예언자 중 유일하게 증거하고 있다.[32] 말라기 3장 1절이 가지고 있는 두 번째 전승은 이사야 40장 3절이다. 내용을 보면 "외치는 자의 소리여 이르되 너희는 광야에서 여호와의 길을 예비하라 사막에서 우리 하나님의 대로를 평탄하게 하라"라는 말씀이다. 그 의미는 하나님의 사자가 여호와 하나님의 말씀을 받들어 그의 길을 예비하는 자의 역할이다. 말라기는 엘리야와

---

26) J. M. P. Smith, The Book of Malachi, ICC (Edinburgh: T & T Clark, 1912), 82; P. A. Verhoef, The Books of Haggai and Malachi, NICOT (Grand Rapids: Eerdmans, 1987), 341; D. L. Petersen, Zechariah 9-14 & Malachi, OTL (Louisville: John Knox, 1995), 230.
27) J. M. P. Smith, A Critical Commentary on the Book of Malachi, 82-83.
28) 집회서 48:10; 에녹 1서 89:51, 52; 제4 에스드라서 7:109. etc.
29) 예를 들자면 유대인들은 식사 후 기도를 할 때 "하나님께서 자비를 베푸셔서 우리에게 예언자 엘리야를 보내주소서."라고 기도하고 있고 안식일에 예언서를 읽은 후 기도서를 통해 "당신의 종 엘리야를 통하여, 당신의 메시야 다윗왕국을 통하여 그가 속히 와서 우리의 마음을 기쁘게 하소서"라고 기도하며 말라기에서와 같이 엘리야가 메시야보다 먼저 올 것을 기원하며 기다렸다. A Weiner, The Prophet Elijah in Development of Judaism (London: Kegan Paul Press, 1978), 132-135.
30) 막 2장 1절 이하를 참조하라. "선지자 이사야의 글에 보라 내가 내 사자를 네 앞에 보내노니 저가 네 길을 예비하리라 광야에 외치는 자의 소리가 있어 가로되 너희는 주의 길을 예비하라 그의 첩 경을 평탄케 하라 기록된 것과 같이..."
31) J. Van Seters, The Life of Moses: the Yahwist as Historian in Exodus-Numbers (Louisville: John Knox Press, 1994), 134.
32) G. von Rad, The Message of the Prophets (New York: Harper & Row, 1967), 255.

관련하여 위의 첫 번째와 두 번째를 조합하여 한 문장으로 구성하였다. 말라기는 앞서 내려오는 예언자의 전승을 사용하여 엘리야가 여호와의 길을 예비하는 사람으로 규정하였다.[33) 결국 말라기의 내용은 "나의 사자가 나의 앞길을 준비한다"로 요약될 수 있다. 그러므로 승천 문제와 관련하여 엘리야의 역할을 파악하는 것이 가능하다. 엘리야 역시 에녹과 같이 여러 가지 면에서 하나님과 동행한 선지자로 이해하는데 아무 걸림돌이 없다. 엘리야와 관련된 대부분의 인용 구절들은 엘리야의 사역을 부각하는데 중점을 두었다. 그는 하나님의 말씀에 순종한 진실한 선지자였으며, 하나님의 의를 성취하기 위한 도구였다. 그러므로 말라기 3장 1절에서 "나의 사자"는 4장 5절에서 엘리야임을 확신하게 된다. 다시 말해 3장 1절에서 "내 사자"를 보내어 자신의 앞길을 준비케 하신 여호와는 4장 5절에서 엘리야를 보내어 여호와의 크고 두려운 날을 준비케 하신다. 결론적으로 말라기 4장 5절은 말라기 3장 1절에 대한 해석으로 사람들이 이미 이스라엘의 역사 안에 엘리야를 최고정점으로 하는 확립된 예언의 기본 흐름이 있음을 확신하였다. 엘리야의 전승을 확고하게 전하는 말라기를 고려할 때, 승천에 대한 몇 가지 의미를 찾아 낼 수 있다. 승천은 하나님의 특별한 선택에 의하여 역사적으로 일어난 사실이지만 승천 그 자체로는 특별한 의미를 부여하지 않는다. 승천보다 더 많은 구절들을 엘리야에게 할애한 것은 승천을 가능하게 하는 지상에서 사역 활동에 있었다. 엘리야가 강조된 것은 그 이유를 한번은 상기할만 하다. 신약적 전망에서 엘리야가 강조된 것은 우선 모세 율법의 약화를 의미한다. 더욱이 엘리야가 메시야가 아니라 메시야를 준비하는 역할을 맡은 것은 이스라엘 역사는 단순히 모세의 율법을 지킴으로 새롭게 되는 것이 아니라,[34) 위로부터 도래하는 완전히 새로운 인물을 기다림으로 가능함을 의미한다. 즉 하나님의 개입으로 모든 것이 새롭게 될 수 있다. 이는 말라기의 엘리야 인용이 묵시적 예언의 성격과 관련되어 있음을 보여준다.[35) 즉 인간은 지상에 사는 동안 하나님을 뜻에 순종하며 하나님을 뜻을 행하며 사는 것이 본질이다.

3) 엘리야의 승천에 대한 서사라 목사의 천상에서의 깨달음

앞장에서 엘리야 승천이 주는 교훈은 명확하다. 승천은 에녹과 같이 하나님과 동행하는 의미에서 언급되었으며 승천 그 자체에 대한 묘사는 매우 제한적이다. 오히려 승천이 다루어지는 배경에 더 많은 구절들이 배당되었다. 즉 엘리야의 삶을 조명하는 가운데 하나님의 뜻을 따라 사는 것이 무엇인지 들추어내는 일에 더 관심을 보였다. 그에 따라서 선지자 말라기는 엘리야의 명칭을 하나님의 사자라는 전통적 이름을 더 선호하였다.

여기서는 서사라 목사의 천상 경험을 한 번 더 다루어보는 가운데 특별히 엘리야 관련하여 생각해보고자 한다. 그녀가 천상에서 엘리야를 만난 것은 2018년 4월 19일이다.[36) 서사라 목사에 의하면, 그날 경험한 일들과 관련하여 세 가지 특징적인 면을 회상하고 있다. 첫째는 엘리야의 얼굴을 본 것이고, 다음으로 엘리야의 집 정자가 높이 높이 올라간 사실, 끝으로 엘리야에게 세 가지 질문을 한 것이었다. 여기서는 세 번째 진술 내용을 다루어보고자 한다. 이 역시 서사라 목사가 진술한 내용을 그대로 옮긴다.

나는 엘리야에게 질문하기 시작하였다.

---

33) A. Weiser & K. Elliger, 『소예언서』, 32.
34) D. M. Miller, "The Messenger, the Lord, and the Coming Judgement in the Reception History of Malachi 3," New Testament Studies 53 (2007), 1–16.
35) D. K. Berry, "Malachi's Dual Design," 269–302; J. Nolland, Luke 9:21–18:34, WBC 35B (Dal–las: Word Books, 1993), 498.
36) 서사라, 『이제도 있고 전에도 있었고 장차 올 자 예수 그리스도』 룻기 사무엘상하 열왕기상하 역대상하, 서사라 목사의 천국 지옥 간증수기 vol. 9 구약편 2권 (서울: 하늘빛 출판사, 2022), 116–121.

사르밧 과부의 아들이 죽었을 때에 엘리야가 그를 다락방에 데리고 올라가서 그 아이 위에 세 번을 엎드렸는데 나는 왜 세 번을 엎드렸냐고 물었다.

그리하였더니 두 분 (주님과 엘리야) 이 미소를 지었다.
그런 후에 즉시 엘리야가 그 가느다란 눈으로 예수님을 쳐다보면서 가르쳐줘도 되냐고 했다. 그랬더니 예수님이 고개를 끄덕하시는 것이 보였다.

그러자 엘리야가 나에게 가르쳐 준 것은
첫 번째 그가 엎드린 이유는 그가 죽은 것을 확인하기 위함이었고
두 번째로 그가 엎드린 이유는 그의 질병이 나음을 입으라고 명령하기 위함이었고
세 번째로 그가 엎드린 이유는 그가 일어나라고 명령하였다는 것이다.
그리고 나서는 엘리야가 주님께 '이 아이의 혼이 돌아오게 하여 달라'고 기도하였다는 것이다.
'어머나 그렇구나....'
'주님, 정말로 그런 것인가요?' 하였더니 '정말 그렇다'고 말씀하셨다.

왕상 17:17-22
(17) 이 일 후에 그 집 주모 되는 여인의 아들이 병들어 증세가 심히 위중하다가 숨이 끊어진지라 (18) 여인이 엘리야에게 이르되 하나님의 사람이여 당신이 나로 더불어 무슨 상관이 있기로 내 죄를 생각나게 하고 또 내 아들을 죽게 하려고 내게 오셨나이까 (19) 엘리야가 저에게 그 아들을 달라 하여 그를 그 여인의 품에서 취하여 안고 자기의 거처하는 다락에 올라 가서 자기 침상에 누이고 (20) 여호와께 부르짖어 가로되 나의 하나님 여호와여 주께서 또 내가 우거하는 집 과부에게 재앙을 내리사 그 아들로 죽게 하셨나이까 하고 (21) 그 아이 위에 몸을 세번 펴서 엎드리고 여호와께 부르짖어 가로되 나의 하나님 여호와여 원컨대 이 아이의 혼으로 그 몸에 돌아오게 하옵소서 하니 (22) 여호와께서 엘리야의 소리를 들으시므로 그 아이의 혼이 몸으로 돌아 오고 살아난지라

그리고 나서 나의 두 번째 질문은
나는 엘리야가 그 죽은 아이를 다락방에 데리고 올라갈 때 그 아이를 살릴 수 있다는 것을 알았느냐고 물었다.

그러자 엘리야는 이렇게 알게 하여주었다.
그는 그 집에 들어오기 전에 하나님께서 네가 사르밧 과부의 집에 가면 그 아이가 죽어 있을 것이니 그 아이를 네가 머무는 다락방으로 데리고 올라가서 세 번 구푸려 엎드려 그를 살려내라고 말씀을 미리하셨다는 것이다. 와우~

그 다음 세 번째 질문으로 나는 그 사르밧 과부가 왜 다음과 같이 그렇게 말했는지를 물었다.

왕상 17:17-18
(17) 이 일 후에 그 집 주모 되는 여인의 아들이 병들어 증세가 심히 위중하다가 숨이 끊어진지라
(18) 여인이 엘리야에게 이르되 하나님의 사람이여 당신이 나로 더불어 무슨 상관이 있기로 내 죄를

생각나게 하고 또 내 아들을 죽게 하려고 내게 오셨나이까

즉 여기서 과부가 엘리야에게 다음과 같이 말했다.

첫째는 당신이 와서 내게 죄가 생각나게 하고
두 번째는 그 아이로 죽게 했냐고 했는데

나의 질문은 그 과부가 왜 이러한 말을 엘리야에게 했는가하고 물었다.

그러자 그것도 이렇게 알게 하여주셨다.
과부가 하나님의 사람이 와서 기적을 베푸는 것(가루가 다하지 않고 기름이 다하지 않는 기적)을 보고 그는 하나님의 사람을 보면서 하나님 앞에 지은 죄가 생각이 났고 그에 대하여 생각나게 하여 주었는데도 회개치 않아서 하나님께서 그 아이를 쳤다는 것이다.

'와우~ 그렇구나! 그렇구나! 그렇게 된 것이구나!'

그러나 나는 내려와서 과부가 한 말이 생각이 났다.
즉 과부가 살아난 아들을 보고 엘리야에게 말하기를 이제야 진짜 당신이 하나님의 사람이고 하나님의 말씀이 당신의 입에 있는 것을 알겠나이다라고 한 것이다. 그리하여 나는 하나님께서 이 사건을 통하여 다시 한번 그 과부에게 엘리야가 하나님의 사람이라는 것을 깨우쳐 주고자 하신 의도도 여기서 발견된다고 생각이 들었다. 할렐루야.

서사라 목사는 천상에서 엘리야를 만났고 상호 간에 대화가 있었음을 상세하게 이야기하였다. 특히 서사라 목사는 성경을 읽은 바탕 위에서 엘리야에게 궁금한 세 가지를 물었다. 이를 요약하여 정리하면 다음과 같은 결론을 내릴 수 있다. 서사라 목사의 질문은 열왕기상 17장 이하에 나오는 성경 본문과 관련 되어 있다. 첫 번째 질문은 "사르밧 과부의 아들이 죽었을 때에 엘리야가 그를 다락방에 데리고 올라가서 그 아이 위에 세 번을 엎드렸는데 나는 왜 세 번을 엎드렸냐고 물었다."는 것이었다. 서사라 목사는 엘리 야의 대답을 들었다. 그러자 엘리야가 나에게 가르쳐 준 것은 첫 번째 그가 엎드린 이유는 그가 죽은 것을 확인하기 위함이었고 두 번째로 그가 엎드린 이유는 그의 질병이 나음을 입으라고 명령하기 위함이었고 세 번째로 그가 엎드린 이유는 그가 일어나라고 명령하였다는 것이다. 여기서 필자는 우선 답변의 정확성에 다소 놀라웠다. 왜냐하면 현대 학자들의 견해와 크게 다르지 않기 때문이었다. 첫 번째 답은 엘리야가 시체를 접촉하였기에 그 확인 절차는 자연스럽다. 엘리야는 지금 시체와 직접 접촉하고 있다. 죽음과 부 정의 문제는 오경에서 까다로운 문제이다. 율법은 성별된 사람이 죽은 자와 접촉하는 것을 엄격하게 금한다 (레 21:1-4, 민6:6-8; 신 21:22-23). 거룩한 사람일지라도 일단 죽은 자와 접촉한 후에는 정결 의식을 거쳐야 하나님께 나아갈 수 있다(민 19:11-13). 그렇지 아니하면 그는 죽임을 당하게 된다. 둘째는 학자들 견해 가운데도 충분히 존재하기 때문이다. 이스라엘에서 죽은 자를 접촉할 시 일종의 이스라엘에 있었던 예언적 운동과 친숙한 전형적인 상징적 행동으로 볼 수 있기 때문이다. 세 번째는 엘리야가 능력을 전수 하기 위해 죽은 아이와 접촉하는 유감주술 의식으로 볼 수 있기 때문이다. 그러나 중요한 것은 서사라 목사의 결론 부분이다. 엘리야가 주님께 '이 아이의 혼이 돌아오게 하여 달라'고 기도하였다는 것이다.

따라서 서사라 목사의 성경 해석 방식을 볼 수 있는데, 이는 새로운 해석이라기보다는 말씀의 이해에 목적을 두고 있다는 점이다. 다음으로 두 번째 질문과 관련해서도 같은 결론을 내릴 수 있다. 서사라 목사는 "나는 엘리야가 그 죽은 아이를 다락방에 데리고 올라갈 때 그 아이를 살릴 수 있다는 것을 알았느냐고 물었다."고 적고 있다. 엘리야는 자연스럽게 하나님이 알려주었다고 대답하였다. 이는 선지자들이 일반적으로 예언 사역을 할 때, 하나님의 영이 임하여 선포하는 것이 보통이었음을 고려할 때 당연한 답으로 생각된다. 서사라 목사는 세 번째 질문을 엘리야에게 하였는데, 그것에 대한 엘리야의 답변은 지극히 이스라엘에게 익숙한 것이었다. 이상에서 서사라 목사의 엘리야 관련 천상의 경험은 주관적 경험이라는 측면에서 스스로에게 유익이 있는 건전한 경험으로 생각된다.

결 론

승천과 관련하여 구약의 전통과 이를 전승하고 있는 신약의 경우를 간략하게 살펴보았다. 구약에서 언급되는 인물로는 에녹과 엘리야였는데, 그들의 승천의 특징에 관하여 비교적 상세하게 논하였다. 그 결과는 크게 두 가지로 요약될 수 있었다. 승천은 하나님의 특별한 선택에 의하여 누구에게나 나타날 수 있는 현상이기는 하지만, 그럼에도 하나님의 주권적 선택에 의존하는 특별한 행사라는 점이다. 그리고 승천은 그 자체로 독립적 사건이라기 보다는 조건적 사건임을 알 수 있었다. 즉 승천은 하나님과 동행한 자로서, 혹은 하나님의 말씀과 뜻에 순종하거나 신실한 자에 한하여 일어날 수 있는 특별한 하나님의 사역이었다. 그러나 성경 기자들의 전반적인 특징은 승천보다는 승천 당사자들 즉 에녹이나 엘리야의 사역에 더 많은 관심을 두고서 기록하였다는 사실이다. 이들 두 사람이 신약시대로 그 공간을 옮겼을 때, 하나님과 동행한다는 의미는 믿음의 행위로 전이되어 나타난 점도 인상적이었다. 에녹이 예수님의 믿음과 결부된 것은 엘리야가 메시야가 오기 전, 선구자로 각인 된 점과 너무 흡사하다고 할 수 있다. 그러므로 에녹과 엘리야는 그리스도를 믿는 믿음의 문맥 안으로 흡수되어 기독론적 의미를 지닌다는 독특한 사실이 확인된다. 에녹과 엘리야의 삶은 다른 한편으로 예수의 삶과 닮은 점이 많다. 예수의 생애를 기록하고 있는 복음서들은 예수의 탄생과 그의 죽음에 대하여는 그의 부활과 승천에 비하여 비교적 많은 부분을 할애하여 자세히 보고하고 있다. 반면에 예수의 부활과 승천에 대한 기술은 아주 짧고 간략할 뿐만 아니라, 그 기술 내용도 아주 빈약하다. 심지어 마태, 마가 그리고 요한복음의 종결부는 예수가 부활하여 40일간 지상에 머무는 기사마저 아예 누락시키고 있다. 단지 누가복음 전승(누가복음, 사도행전)만이 예수의 승천 기사를 아주 간단하게 보고하고 있다: "예수께서 그들에게 축복하시면서, 그들을 떠나 하늘로 올라가셨다."(눅 24:51; 행 1:9-10; 비교 막 16:19) 이러한 사실은, 비록 복음서 기자들이 예수의 부활과 승천에 대하여 아주 간단하게 보고하고 있다고 할지라도, 초대교회에서는 예수의 승천을 기정사실로 믿고 있었을 뿐만 아니라, 그의 하늘로부터의 강림을 기다리고 있었다는 것을 암시해 준다.(살전 4:16)

더불어 본서에서는 서사라 목사의 천상 경험을 조명하여 보았다. 서사라 목사는 천상에서 엘리야와 만남과 에녹과 엘리야의 승천에 관련하여 일어난 일들을 소상하게 이야기하였다. 에녹과 엘리야의 승천은 그들의 영이 하나님께서 낙원으로 올리기 전에 입고 있던 죽고 썩고 없어질 몸은 낙원으로 들어갈 수가 없어서 공중에서 하나님께서 유에서 무로 변하게 하셨다는 것이다. 그리고 그들은 부활체로 들어갈 수 없는 것이 예수님의 부활이 죽은 자의 부활의 첫 열매가 되어야 하기 때문이라고 주장한다. 이는 앞으로 학계에서 논의될만한 가치있는 결론으로 받아들여진다. 끝으로 서사라 목사의 성경 해석 방식 역시 비록 천상 경험으로부터 오는 주관적 해석이 강하지만 성경적 전통과 학자들의 해석과도 거리가 크지 않다는 점에서 긍정적으로 평가되는 것이다. 다만 천상 경험이라 할지라도 성경적 전통과 하나님의 영감을 토대로 연구하는 전문적 학자들과의 학문적 교류는 여전히 필요한 과제로서 생각된다.

참고문헌

국내서적

강은희, "불멸의 엘리야: 그 과정", 『카톨릭신학』 24 (2014), 147-182.

김정우, 『너는 어찌 여기 있느냐』 (서울: 생명의 말씀사, 2009).

배정훈, "승천전승(Heavenly Ascent)의 기원과 발전," 『장신논단』 제24집 (2005), 59-77.

배희숙, "고대 이스라엘 종교의 '주술' 유형과 그 기능: 엘리야와 엘리사의 '기적사화'를 중심으로", 『구약논단』 21(1) (2015), 60-92

서덕재, "열왕기상 19장 11-12절에 나타난 현현 연구", 『장신논단』 52(3) (2020), 9-32.

서사라, 『이제도 있고 전에도 있었고 장차 올 자 예수 그리스도』 룻기 사무엘상하 열왕기상하 역대상하, 서사라 목사의 천국 지옥 간증수기 vol. 9 구약편 2권 (서울: 하늘빛 출판사, 2022).

엄원식, "히브리 예언운동에서의 치유활동: 엘리사의 치유행적을 중심으로", 『복음과 실천』 34 (2004), 7-33.

오택헌, "신명기 역사에 나타난 엘리야", 『신학과 목회』 33 (2010), 115-137

임상국, "초기 예언문학의 성립:'엘리야전'을 중심하여", 『한국기독교신학논총』 18(1) (2000), 5-31.

한동구, "엘리야의 호렙산 계시(왕상 19장)의 형성사", 『구약논단』 20(3) (2014), 174-197.

외국서적

Berry D. K., "Malachi's Dual Design," 269-302; J. Nolland, Luke 9:21-18:34, WBC 35B (Dal-las: Word Books, 1993).

Black David Alan, "Literary Artistry in the Epistle to the Hebrews", Filologia Neotestamentaria 7 (1994).

Brown Raymond E., The Virginal Conception and Bodily Resurrection of Jesus (New York·Paramus·Toronto: Paulist Press, 1973).

Clements R. E., God and Temple (Oxford: Basil Blackwell, 1965).

Croy Noah C., Endurance in Suffering: A Study of Hebrews 12:1-13 in its Rhetorical, Religious, and Philosophical Context, UMI (Emory University, 1995).

Issacs Marie E., Sacred Space: An Approach to the Theology of the Epistle to the Hebrews, 205-219.

Jackson, David R., Enochic Judaism (London/New York: T&T Clark International, 2004).

Guthrie George H., The Structure of Hebrews: A Text-Linguistic Analysis, (New York: Baker Books, 1994).

Isaac E., "1(Ethiopic Apocalypse of) Enoch", The Old Testament Pseudepigrapha, vol. 1, (Doubleday, 1983).

Lee Byung Hak, Befreiungser- fahrungen von der Schreckensherrschaft des Todes im äthiopishen Henochbuch. Der Vordergrund des Neuen Testaments (Waltrop: Hartmut Spenner, 2005).

Lund, Nils W., A Study in the Form and Function of Chiastic Structures, (Peabody: Hendrickson, 1992).

Kevin B. Mccruden,, The Perfection of Divine Intimacy: A Christology of Divine Philanthropia in Relation to the Concept of Christ's Perfection in the Epistle to the Hebrews, UMI (Loyola Unv. Chicago, 2002).

Miller D. M., "The Messenger, the Lord, and the Coming Judgement in the Reception History of Malachi 3," New Testament Studies 53 (2007), 1-16.

George W. E., Nickelsburg, A Commentary on the Book of 1 Enoch, Chapters 1-30 (Minneapolis: Fortress Press, 2001).

Petersen, D. L., Zechariah 9-14 & Malachi, OTL (Louisville: John Knox, 1995).

Rad, G. von The Message of the Prophets (New York: Harper & Row,1967), 255.

Rhee Victor, The Concept of Faith in the Overall Context of the Book of Hebrews, UMI (Dallas Theological Seminary, 1996).

Smith, J. M. P., The Book of Malachi, ICC (Edinburgh: T & T Clark, 1912).

Swetnam, J. "The Greater and More Perfect Tent: A Contribution to the Discussion of Hebrews 9,11" Biblica 47 (1966), 91-106.

Vanhoye, A., La structure littéraire de l' Épître aux Hébreux, (Paris: Desclée de Brouwer, 1976).

Stone, M. E. "Apocalyptic Literature", M.E. Stone(ed.), Jewish Writings of the Second Templs Period: Apocrypha, Pseudepigrapha, Qumran Sectarian Writings, Philo, Josephus, Van Gorcum, 1984.

Van Seters, J., The Life of Moses: the Yahwist as Historian in Exodus-Numbers (Louisville: John Knox Press, 1994).

Verhoef P. A. The Books of Haggai and Malachi, NICOT (Grand Rapids: Eerdmans, 1987).

Weiner A., The Prophet Elijah in Development of Judaism (London: Kegan Paul Press, 1978), 132-135.

Weiser A. & Elliger, K. 『소예언서』, (서울: 韓國神學硏究所, 1992).

Weyde, K. W. Prophecy and Teaching: Prophetic Authority, Form Problems, and the Use of Traditions in the Book of Malachi, BZAW 288 (Berlin / New York: Walter de Gruyter, 2000).

Würthwein, E. "Elijah at Horeb: Reflections on 1 Kings 19:9-18," in Proclamation and Presence (Virginia: John Knox Press, 1970).